Waltraut Engelberg

Das private Leben
der Bismarcks

Waltraut Engelberg

Das private Leben der Bismarcks

Siedler Verlag

Inhalt

Vom bleibenden »Stempel der Jugendeindrücke« 7

Auf der Suche nach einem »Heim in der Welt« 27

»Drei Tage Tränen« und acht glückliche Jahre 45

Petersburg und die »fehlende Häuslichkeit« 61

Die »provisorische Existenz« –
ein Intermezzo vor Amtsantritt 77

»Nanu geht's los« 83

Lebenskrisen 1866 und 1870 89

Varzin, der »heimatlichste Aufenthalt« 97

Friedrichsruh und das »Sachsenwäldchen« 105

Die Bismarckfamilie – Leiden um Herbert 119

Von Küche und Keller 135

Vom Wald und von den Tieren 145

Und dann besuchten ihn die Maler 155

»Von der Bühne ins Parterre« –
die Rücktrittskrise 163

Und die geistige Nahrung 177

Plaudernd über Gott und die Welt 183

»Meine Zeit ist vorbei« 195

Vom Abschiednehmen 205

Nachbemerkung 219

Vom bleibenden
»Stempel der Jugendeindrücke«

Er wurde der »eiserne Kanzler« genannt, Otto von Bismarck, er selbst verstand sich als »eine poetisch angehauchte Natur«. Die scheinbaren Widersprüche in dieser machtvollen Persönlichkeit wären »von einem intensiven Zauber«, meinte die Frau von Spitzemberg.

Schon die Eltern waren von sehr konträrer Wesensart. Die Mutter, eine schöne Frau von intellektuellem Zuschnitt, war sprachgewandt und von dem Wunsch beseelt, »einen erwachsenen Sohn zu haben, der unter meinen Augen gebildet mit mir übereinstimmen würde, aber als Mann berufen wäre, viel weiter in das Reich des Geistes einzudringen, wie es mir als Frau vergönnt ist«. So die Hoffnung Wilhelmine Louise von Bismarcks, geb. Mencken, der man nachgesagt hatte, es fehle ihr das »von« vor dem Namen und *d'argent dans la poche*, also Geld in der Tasche.

Und dann verband sich diese gebildete Kabinettsratstochter mit dem biederen Landjunker Ferdinand von Bismarck, dessen Briefe in unfreiwilliger Komik etwa folgende Sätze zieren: »Heute ist Ottos Geburtstag. Die Nacht ist uns ein schöner Bock krepiert. Welch niederträchtiges Wetter.«

Nicht in Schönhausen, wo er am 1. April 1815 geboren wurde, verlebte Otto von Bismarck seine für ihn unvergeßlichen Kinderjahre, sondern in Kniephof im Kreise Naugard, etwa sechzig Kilometer von Stettin entfernt, wo er nicht reizüberflutet, sondern erlebnisintensiv das Leben auf dem Lande wahrnahm und früh

Für Schönhausen ist die das Dorf dominierende Wehrkirche charakteristisch. Die gutsherrliche Wohnanlage liegt nicht inmitten des Ortes, sondern am Rande, in der Nähe der Kirche. Bismarck übte in Schönhausen mit großer Gewissenhaftigkeit das Amt des Deichhauptmanns aus.

Der Hamburger Zeichner Christian Allers gibt hier die eher karge Anlage eines märkischen Dorfes wieder, bei dem die in der Regel bescheidenen niedrigen Häuser auffallen, die durch breite Dorfstraßen getrennt sind.

wache Sinne für eine Landschaft entwickelte, die ihm immer die liebste bleiben sollte – die waldige Ebene mit Hügeln, Hainen, Wiesen und Baumgruppen, mit Laubwäldern und Bächen. Und wie sollte es auch dem heranwachsenden Jungen nicht gefallen, in kindlicher Weise im Garten zu arbeiten – auch einmal die Radieschen herauszuziehen, um zu sehen, ob sie gut wuchsen –, im Winter auf dem Eise zu schlittern oder gar schon »als ganz kleiner Junge« den Vater auf der Rebhuhnjagd zu begleiten, »weil keiner besser als ich, vermöge meines weitern Gesichtes, zu entdecken vermochte, wo die Hühner eingefallen waren«.

Viel zu früh setzte die ehrgeizige Mutter diesen kindlichen Freuden ein Ende, weil sie so rasch wie möglich berufliche Weichen für den Sohn stellen wollte. Da überlegten sich die Eltern so mancherlei. Der Vater hätte »sehnlichst gewünscht«, Otto möge Geistlicher werden, »um einer Pfründe willen«, die nach Bismarcks Erinnerung fünfzehnhundert Taler betragen hätte und der Familie erhalten bleiben sollte. Als seine Frau Johanna im Jahre 1879 davon erfuhr, versuchte sie sich diese Entwicklung ihres Mannes auszumalen und schlußfolgerte ebenso arg- wie ahnungslos, daß er da viel glücklicher geworden wäre.

Da kam die Mutter, die ihn gern als »wohlbestallten Regierungsrat« gesehen hätte, der Veranlagung des Sohnes schon näher. Und in Erziehungs- und Bildungsfragen setzte sich bei den Bismarcks immer energisch die Mutter durch, nie der gutmütige Vater, dessen Stoßseufzer der Sohn gelegentlich zitierte: »Was tut man nicht, um den Hausfrieden zu erhalten.«

Daß Otto drei Monate vor seinem siebenten Geburtstag zu unbedacht in Pension gegeben wurde, in die seinem Wesen konträre Plamannsche Erziehungsanstalt, trübte ein Leben lang sein Verhältnis zur Mutter.

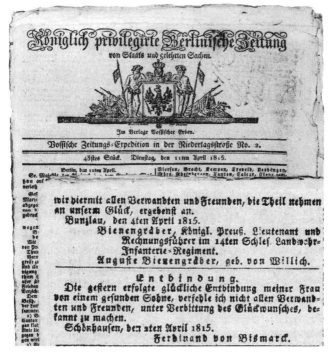

Schlichte, den Gepflogenheiten entsprechende Ankündigung der Geburt Otto von Bismarcks.

Bis zum zwölften Lebensjahr blieb er bei Plamann, und noch im hohen Alter urteilte er harsch über die dort verbrachte Zeit: »Meine Kindheit hat man mir in der Plamannschen Anstalt verdorben, die mir wie ein Zuchthaus vorkam.« Und: »Infolgedessen werden meine Jungen natürlich verzogen ...« Der Wechsel vom ungebundenen Umherstreifen in Wald und Feld oder in den Ställen zu einem streng disziplinierten Tagesablauf war zu abrupt, denn »in der ganzen Anstalt herrschte rücksichtslose Strenge ... Die Plamannsche Anstalt lag so, daß man auf einer Seite ins freie Feld hinaussehen konnte. Am Südwestende der Wilhelmstraße hörte damals die Stadt auf. Wenn ich aus dem Fenster ein Gespann Ochsen die Ackerfurche ziehen sah, mußte ich immer weinen vor Sehnsucht nach Kniephof.«

Die Konflikte in seiner kindlichen Seele wurden zumindest von seinen Mitschülern nicht wahrgenommen. Im Gegenteil, später versuchte man sogar, ihm eine Führungsrolle anzudichten, was er selbst resolut zurückwies. Er sei ein Junge gewesen wie andere auch. Zwölf Stunden fast täglich, rigide eingeteilt in Unterricht, Arbeitsstunden, gemeinsamen Spaziergang und offizielle Spielzeit – das erschien ihm als ein auf Dauer unerträglicher Zwang. Es habe dort ein »künstliches Spartanertum« geherrscht, heißt es bei ihm, niemals habe er sich satt gegessen, und er rügte dabei das »elastische Fleisch« und die gekochten Möhren mit den harten Kartoffeln darin. Noch im Februar 1876 erinnerte er sich böse, daß man des Morgens die Kinder mit Rapierstößen weckte, und beschuldigte die von Rousseau beeinflußten Lehrer des Adelshasses. Für seine Renitenz gegen dieses Erziehungssystem brachte Bismarck in seinem Leben viele Gründe vor, wobei hier nicht erörtert sei, inwieweit die Plamannsche Anstalt zu diesem Zeitpunkt ihren selbstgestellten Zielen noch gerecht

Das Bild Franz Krügers läßt durchaus weichere Züge bei dem elfjährigen Knaben erkennen, der zu dieser Zeit in der Tat in der Plamannschen Erziehungsanstalt sehnsuchtskrank nach dem heimatlichen Kniephof und der ländlichen Ungebundenheit war.

wurde. In diesem Zusammenhang ist nur die negative Langzeitwirkung auf Bismarck von Belang und vor allem eines: Alles, was ihm da an Widrigkeiten zustieß, lastete er seiner Mutter an. »Ich bin nicht richtig erzogen. Meine Mutter ging gern in Gesellschaft und kümmerte sich nicht viel um mich.« Später sagte er seiner Frau, die Mutter hätte wenig von dem gehabt, was der Berliner »Gemüt« nennt. Zu alledem kam noch, daß sie ihm auch noch die langersehnten Ferien in Kniephof verdarb, weil sie just zu der Zeit zur Kur mußte, wo »man« sich eben dort traf. Otto wurde also zum Onkel nach Templin bei Potsdam abgeschoben.

Diese schmerzlichen Kindheitserlebnisse hatten nachhaltige Folgen für Bismarcks eigene Lebensgestaltung. Sie bestärkten ihn darin, daß es so, wie er es erfahren hatte, keineswegs in seiner künftigen Familie zugehen sollte. Er suchte das Gegenbild zu seiner Mutter, nur keine »Gesellschaftsfrau für andre«, nein, eine warmherzige Gefährtin für sich und eine gütige Mutter für die Kinder. Dabei läßt sich psychologisch Aufschlußreiches erkennen: Otto von Bismarck, dem Traditionelles besonders am Herzen lag, seien es die »Baumahnen« in der Natur oder die Menschenahnen im familiären Bereich, verfolgte interessiert nur die väterliche Traditionslinie, die junkerlich-ländliche. Die mütterliche, aus der ihm zweifellos viele geistige Anlagen überkommen waren, nahm er nicht wahr, weil er sie nicht wahrnehmen wollte. Die emotionale Blockade engte – wie oft im Leben – auch bei ihm das unbefangene Urteil ein. Wo das Gefühl sich verweigert, dort reduziert sich auch das geistige Erkenntnisvermögen.

Verglichen mit den Verhältnissen bei Plamann, erschien Bismarck dann seine Gymnasiumszeit wie eine »milde Zucht«. Liebevoll erinnert er sich der guten alten Person, die sich »redlich um meine Knabenzeit verdient

»Man fühlt sich nur ganz daheim, wo man seine Kindheit erlebt hat«, sagte Otto von Bismarck. Das schlichte Gutshaus in Kniephof, das der Bruder Bernhard gezeichnet hatte, war ihm vertraut. Da würde er sich im Dunkeln mit geschlossenen Augen zurechtfinden. Im Mai 1893 beklagte er: »Nun hat der Sohn meines Bruders das alte Haus niedergerissen und so eine moderne Villa dahin gebaut, was ich nur bedauern kann.«

gemacht hat«. Trine Neumann vom väterlichen Gut in Schönhausen war ihm und dem Bruder Bernhard beigegeben als »Haushof-, Küchen-, Keller- und Sittenmeisterin«. Sie hatte die Jungen gern, tat ihnen zuliebe alles und machte ihnen täglich des Abends ihr Leibgericht: Eierkuchen. Wie ein Rohrspatz konnte sie schimpfen, wenn die beiden wieder einmal zu spät kamen und ihre Eierkuchen aufgebacken werden mußten, weswegen sie ihnen prophezeite, daß aus ihnen im Leben einmal nichts Vernünftiges werden würde. Sogleich aber war sie versöhnt, wenn den Jungen ihre aufgebackenen Eierkuchen schmeckten. Heiter und wehmütig dachte Bismarck an sie zurück, wie er auch den Kuhhirten Brand aus Kniephof nicht vergaß und sich erinnerte: »Wenn er mir ins Gedächtnis kommt, ist mir immer wie Heidekraut und Wiesenblumen.« Und der hat wohl noch Leute gesprochen, die die Schlacht bei Fehrbellin mitgemacht haben.

Es gibt nicht eine Zeile, in der Bismarck ähnlich liebevoll der Mutter gedacht hätte. Bestenfalls, daß er in einem Brief an Johanna einmal konzedierte: »Sie wollte, daß ich viel lernen und viel werden sollte, und es schien mir oft, daß sie hart, kalt gegen mich sei. Was eine Mutter dem Kinde wert ist, lernt man erst, wenn es zu spät, wenn sie tot ist; die mittelmäßigste Mutterliebe, mit allen Beimischungen mütterlicher Selbstsucht, ist doch ein Riese gegen alle kindliche Liebe.«

Ganz anders urteilt er über seinen Vater: »Meinen Vater liebte ich wirklich, und wenn ich nicht bei ihm war, faßte ich Vorsätze, die wenig Stand hielten; denn wie oft habe ich seine wirklich maßlos uninteressierte gutmütige Zärtlichkeit für mich mit Kälte und Verdrossenheit gelohnt. Und doch kann ich die Behauptung nicht zurücknehmen, daß ich ihm gut war im Grunde meiner Seele.« Das läßt sich vielfach erkennen; nicht nur, weil Bismarck die Schwester anwies, welche Briefe den Vater am meisten erfreuen würden, sondern auch, weil er selbst gutherzig jene inszenierten Fuchsjagden des Vaters mitmachte, bei denen man von vornherein wußte, daß kein Fuchs zu erlegen war.

Als Bismarck schließlich, auch der Pensionszeit in Berlin bei einem Oberlehrer Bonnell am Grauen Kloster entwachsen, der ihn brav und pflichtschuldigst »immer am Bändel« hielt, mit noch nicht ganz siebzehn Jahren zur Universität nach Göttingen kam, da brachen alle Dämme; jetzt fühlte er sich »endlich mal in Freiheit«. Er hätte, so charakterisierte er es selbst, »wie ein junges Füllen nach hinten und vorn ausgeschlagen«.

Das krasse Gegenteil eines Fehlers ist oft wieder ein Fehler. Allzu starken Zwängen folgt als Reaktion nicht selten Zügellosigkeit. Bismarck kostete seine neugewonnene »Freiheit« voll aus; es war eine Zeit des Kneipens, des Fechtens und des Schuldenmachens, was er später bereute.

Genau gesehen, bedauerte er eigentlich nur die beim Kneipen nutzlos vertane Zeit und die daraus resultierenden Schulden, die schließlich auf des Vaters Drängen hin seinen Weggang aus Göttingen verursachten. Was er aber auch später immer wieder mit sichtlichem Stolz vermerkte, war seine Haltung auf dem Fechtboden. In drei Semestern habe er in Göttingen 28 Mensuren bestanden, erzählte er mit Wohlgefallen, seine Klinge sei gefürchtet gewesen. Und noch im Alter erwachte in ihm anläßlich einer Debatte über alte und neue Fechtweisen, wie Adolph Wilbrandt beobachtete, der »alte Mensurenpaukant«. Er glaubte, die kunstgerechtere und stilvollere Fechtweise praktiziert zu haben, eine, bei der man sich bei aller Schneidigkeit des Angriffs die Klinge nicht ins Gesicht kommen ließ, und »er rückte näher, sein Körper beugte sich vor, seine

17

Ferdinand von Bismarck (1771 – 1845) war ein biederer Landjunker, mitunter nicht ohne Witz, aber seiner gebildeten Frau und ihren geistigen Ansprüchen keineswegs gewachsen. Dafür aber war er seinen Kindern in gutmütiger Zärtlichkeit zugetan und nachsichtig gegenüber ihren Jugendsünden. Otto von Bismarck fühlte sich nur der väterlichen Tradition verbunden, nichtachtend, vielleicht auch nichtahnend, wieviel geistige Potenz ihm trotz allem von der mütterlichen Seite überkommen war.

Wilhelmine Louise Mencken (1789 – 1839) sagte man nach, daß ihr das »von vor dem Namen und d'argent dans la poche« fehlte. Diesen Mangel behob sie durch ihre Heirat mit Ferdinand von Bismarck. Sie war gebildet, kulturell rege, eine »Gesellschaftsfrau« für die Residenz, aber sie hatte wenig von dem, was man »Gemüt« nannte; so konnte sie bei allem mütterlichen Ehrgeiz die Herzen ihrer Kinder nicht erreichen.

Augen schienen noch mehr hervorzutreten und zu leuchten«.

Weil Bismarck aber ansonsten seine »wilde Jugendzeit« in einsichtig-kritischer Erinnerung hatte, wurde es später dem Abgesandten der Universität Göttingen – die unbedingt den prominenten Politiker für sich vereinnahmen wollte – ziemlich schwer, als er anläßlich des siebzigsten Geburtstages bei Bismarck zwecks Verleihung der Ehrendoktorwürde vorsprechen mußte. Denn als der Rechtslehrer Prof. Dr. Ihring höflich den zu Ehrenden nach seinen Lehrern fragte, antwortete Bismarck allzu freimütig, »von letzteren habe er wenig gehabt, sie hätten ihm kein Interesse für die Jurisprudenz abzugewinnen vermocht, nur der Historiker Heeren hätte ihn angeregt«. Auch mit der Arbeit sei es in Göttingen nicht viel geworden, insbesondere die Ferien, die der Student damals noch an der Universität zuzubringen pflegte, seien mit Kartenspiel und Trinken ausgefüllt gewesen, insgesamt schon ein »arges Leben«. »Mit den Pedellen scheint er in nähere Berührung gekommen zu sein als mit seinen Lehrern«, berichtete der Jurist leicht konsterniert, denn Bismarck hatte auch ungezwungen von der Karzerstrafe erzählt, die er noch in Berlin abbüßen mußte.

Tut nichts, der Kanzler wurde geehrt, und das war am 28. März 1885, drei Tage vor seinem siebzigsten Geburtstag, den er dann in heiterer Gesellschaft auch seines ehemaligen Fuchsmajors von der Göttinger Hannovera, des Barons Firks-Samiten, zubrachte. Über ihre Gespräche ist einiges aufgezeichnet worden. Als Firks ihn unverblümt wegen eines passenden Nachfolgers fragte, konterte Bismarck: »Ich brauchte ja dann nur schon zu Lebzeiten tot zu sein«, worauf Firks tiefsinnig bemerkte: »...eine echt Bismarcksche Antwort, die ich mir wie gewöhnlich erst ins Dumme übersetzen muß, um sie ganz zu verstehen.« Er hätte, als Fuchsmajor und Freund, Bismarck auch seine liberale innere Politik zu verbieten versucht, worauf ihn Bismarck auf die gute Schnapsbrennerei in Samiten verwiesen und ihm bedeutet habe, »er solle sich nicht um Politik kümmern«. Es wäre auch noch etwas dabei gewesen, was er »nicht verstanden habe«. In Göttingen jedenfalls – und das verstand der alte Fuchsmajor – war Bismarck »stets sehr forsch und konnte ausgezeichnet kneipen und pauken«.

Die Stadt Göttingen konnte es nicht lassen und mußte ihm auch noch am 1. April 1890 das Diplom für das Ehrenbürgerrecht der Stadt übergeben. Ehre, wem Ehre gebührt!?

Was bei Bismarck jedenfalls als Erfahrung aus der Studentenzeit haftenblieb und was er später seinen Söhnen vermittelte, war, daß man an den Universitäten ein liederliches Leben lerne. Davor warnte er auch Abiturienten, die ihn in Friedrichsruh besuchten.

Die Universitäten seien nur für die Professoren da, die bei einem »ziemlich kleinen, lächerlichen Familienleben eine wissenschaftliche Gemeinschaft bilden und einen Lebensunterhalt jetzt haben, um ihre Bücher zu schreiben«, so hieß es auch beim Besuch seines alten Studienfreundes Alexander Keyserling im Oktober 1868 in Varzin. »Die Vorträge sind pure Form, man lernt in acht Tagen aus den Heften, was zum Examen nötig ist. Für die Jungen ist es die heilloseste Anstalt; sie lernen nichts als ihre Gesundheit verwüsten und ein nichtsnutziges Leben führen.« Darauf mischte sich Johanna ins Gespräch: »Ach ja, als ich in Berlin die Universität wiedersah, so war ich ganz gerührt bei dem Gedanken, daß hier mein lieber Bismarck als Studentchen ein- und ausgegangen war, und ich sagte ihm ganz ergriffen: ›Ach, da bist du wohl täglich gewesen!‹ – ›Niemals‹, antwortete er mir ganz wild«, und das bestätigte

Selbst wenn Bismarck später sein Studentenleben kritisch sah und meinte, an den Universitäten lerne man ein liederliches Leben zu führen – darauf, daß er sich auf dem Fechtboden wacker geschlagen hatte, hielt er sich stets etwas zugute. Auch sein alter Fuchsmajor bestätigte noch später, er war »stets sehr forsch und konnte ausgezeichnet kneipen und pauken«.

Die Zeichnung des Jugendfreundes Scharlach, die ihn als Korpsstudenten wiedergibt, bestätigt Bismarck später, als er sich im November 1870 mit seinem wohlbeleibten Sohn Wilhelm vergleicht. Er selbst wäre in diesen Jahren schlank und mager gewesen, und »in Göttingen war ich dünn wie eine Stricknadel«, sagte er.

dann auch Keyserling, der es wissen mußte. »So ist's; er war nie da, und zu seinem Examen präparierte er sich in einer Woche und bestand es; und als er davon zurückkam, war er noch ganz wütend, daß er so viel gelernt.«

Es war die »wilde Jugendzeit«, eine Zeit der Wirrnisse und des Sichaustobens, vermeintliche Freiheiten nutzend. Sie währte lange bei Otto von Bismarck und brachte ihm den Ruf des »tollen Junkers« ein, der indes nur verdeckte, daß er noch keinen inneren Schwerpunkt gefunden hatte, noch kein Lebensziel und kein seelisches Zuhause. Nur ein vages Gefühl ungenutzter Kräfte lebte in ihm, der noch auf der Suche war nach dem ihm Gemäßen.

In Aachen jedenfalls, wo er sich nach der ersten juristischen Prüfung im Jahre 1836 als Referendar beworben hatte, fand er es noch nicht, obwohl ihm der dortige Regierungspräsident Graf Adolf von Arnim-Boitzenburg durchaus gewogen war. Dort waren es zwei bildschöne Engländerinnen, die ihm nacheinander die ohnehin nicht sehr geliebte Arbeit verleideten und ihm den Kopf verdrehten. Die Liebesaffäre mit Lady Laura Russel, der angeblichen Nichte des Herzogs von Cleveland, entwickelte sich fast so rasant wie das Finanzdefizit, das ihm die Gesellschaft mit den reichen Engländern einbrachte. Zerknirscht ging er aus dieser Affäre hervor, verletzt in seinem Stolz, weil die reizende Laura, wie er zufällig erfuhr, eine illegitime Tochter war und er fürchtete, als »that tall monster« angesehen zu werden, »the silly German baron, whom they have caught in the woods, with his pipe and his seal-ring«.

Auch die nächste, für ihn wiederum kostspielige Liaison mit der ob ihrer Schönheit bewunderten Isabella Loraine-Smith endete mit einem Fiasko. Obwohl da schon über den Hochzeitstermin gesprochen wurde,

Zwei schöne Engländerinnen brachten Otto von Bismarck in seiner Referendarzeit in Aachen in arge Verwirrung. Zuerst verliebte er sich in Lady Laura Russel, die angebliche Nichte des Herzogs von Cleveland, dann in die allseits bewunderte Isabella Loraine-Smith (hier abgebildet), mit der man sogar schon über den Hochzeitstermin sprach, bis auch diese Liebesbeziehung aufgelöst wurde und Bismarck »arm am Beutel, krank am Herzen« nach Pommern zurückkehrte.

ging die Verbindung nach den Honig-Monaten in die Brüche. Wahrscheinlich hatten sich auch die Engländer für die pekuniäre Lage des Freiers interessiert und sie keineswegs verheißungsvoll gefunden. So ging Bismarck schließlich »arm am Beutel, krank am Herzen« ins pommersche Kniephof zurück und versuchte, sein künftiges Erbe durch agrarische Modernisierungen aufzuwerten. Eine dritte Werbung um ein Fräulein Ottilie von Puttkamer schlug ebenfalls fehl. Das verging, ohne Spuren zu hinterlassen.

Auf der Suche nach einem
»Heim in der Welt«

Spuren fürs Leben hinterließ nur eine, die Tochter des Patriarchen der pommerschen Pietisten: Marie von Thadden. Sie war das Eigentliche, Tiefenschichten seiner Seele berührend. Reizvoll war sie, diese Marie, voll sinnlicher Ausstrahlung und dennoch frommen Sinnes. Mit Erschrecken gewahrte sie seinen Pantheismus und wollte ihn aus seelischer Unbehaustheit retten. Liebevoll tat sie es und schalkhaft zugleich, und man sprach miteinander und scherzte miteinander und kam sich in gefährlicher Weise nahe. Gefährlich, weil eben die Frau, die Bismarcks Ideal so sehr verkörperte, schon verlobt war, mit dem mit Bismarck damals befreundeten Moritz von Blankenburg. Welche Verwirrung der Gefühle auf beiden Seiten! Nur allzu deutlich spürte Marie den Unterschied zwischen Bismarck und ihrem biederfrommen »guten Moritz«. Unverhohlen schrieb sie sogar an den Verlobten von Bismarcks »einnehmender Persönlichkeit«. Noch deutlicher erfuhr es ihre Freundin Johanna von Puttkamer aus Reinfeld. Da ist von Goethes ›Wahlverwandtschaften‹ die Rede, die sie vor Erregung fortgelegt habe, »weil sie doch leicht über mich Gewalt bekommen könnte«, die finstere dämonische Welt, die sie darin erkennen will. Als kaum verdecktes Bekenntnis ist auch ihr aufregendes Gespräch mit Zitelmann zu verstehen, der von Menschen gesprochen habe, »die lange dahinlebten, ohne eine tiefe Liebe zu empfinden, die zu lieben glaubten, ja heirateten, ohne sie zu kennen. Aber wehe, wenn noch nach ge-

Die frühverstorbene Marie von Thadden verkörperte das Frauenideal Bismarcks. Aber als er sie kennenlernte, war sie schon verlobt mit Moritz von Blankenburg. Marie war eben »das pommersche Landfräulein mit gerade genug Anflug der großen Welt«, das Bismarck sich wünschte. Immer, wenn ihm eine Frau gefiel, sah er auch ein »Stückchen Marie Thadden« in ihr. Nach ihrem Tode schloß er sich Johanna von Puttkamer an, auf die ihn Marie hingelenkt hatte.

schlossener Ehe die wahre Wesenserfüllung ihnen entgegentrete, dann fingen sie erst an zu leben, dann rühre sich der höhere Pulsschlag ihres Wesens – aber um für ewig unglücklich in der Ehe zu werden.«

Das alles erfuhr die Reinfelder Freundin Johanna, die Otto von Bismarck zunächst keineswegs so ansprechend fand, als er sie bei der Hochzeitsfeier Marie von Thaddens und Moritz von Blankenburgs zu Tisch führte. Außer den Raketen des Brautvaters, die einen schlimmen Großbrand verursachten, zündete da nichts, obwohl es an deutlichen und überdeutlichen Hinweisen gerade von Moritzens Seite nicht gefehlt hatte. »Willst Du sie nicht, dann nehme ich sie zu meiner zweiten Frau«, hatte er forsch geschrieben. Es war Marie, die die Dinge behutsamer anging und eine Harzreise des pietistischen Freundeskreises Ende Juli bis Anfang August 1846 arrangierte, auf der Bismarck Gelegenheit fand, Johanna näher kennenzulernen. »Übrigens ist sie eine der liebenswertesten Frauen, die es gibt, wenn auch gar nicht hübsch«, sagte später einmal ein Gast über sie, »sie hat ihn mit ihrer großen Herzensgüte gewonnen.« Auch die Schönhauser Bauern befanden bei Johannas Einzug: »Von's schöne Geschlecht ist unsere junge Gnädige aber nicht«, was eine Verwandte Bismarcks »begreiflich« fand. Sie wirkte offenbar nicht auf den ersten Blick, ihr Reiz ging von ihrer freundlich-warmherzigen Wesensart aus, von schlichter Natürlichkeit und erschloß sich erst allmählich, auch für Bismarck, der ihr erst nach einer tiefen Erschütterung näherkam. Das war der frühe Tod Maries, die sich bei der Pflege ihrer an einem epidemischen Fieber erkrankten Mutter eine Gehirnhautentzündung zugezogen hatte und daran verstarb. »Es ist eigentlich das erste Mal, daß ich jemand durch den Tod verliere, der mir nahe stand, und dessen Scheiden eine große und unerwartete Lücke in meinen Lebenskreis

Die Silhouette Johannas gibt wohl eher Zeitgeschmack wieder, als daß sie zur Charakterisierung dienen kann.

Die erste Karikatur aus dem Jahre 1848.

reißt«, schrieb Bismarck, der Marie nie vergaß. Wann immer ihm eine Frau gefiel, sah er auch ein »Stückchen Marie Thadden« in ihr.

Nun erst war sein Herz gewissermaßen frei, um sich nach schwerem Abschied einem Neuanfang zuzuwenden, dem mit Johanna. Marie hatte ihn zwar mit sachter Hand darauf hingelenkt, aber wahrscheinlich hatte ihr Bild ungewollt das ihrer Freundin zu sehr überstrahlt.

So fand Bismarck erst im einunddreißigsten Lebensjahre die Gefährtin, die dann 48 Jahre lang an seiner Seite leben sollte. Nachdem er sich für Johanna entschieden hatte, mühte er sich mit allen Kräften seines Herzens und seines Verstandes darum, sie sich in einem tieferen Sinne zu »erwerben«, wobei die eigentliche Werbung bei der frommen Familie von Puttkamer mit viel Geschick und Diplomatie vorzubringen war. Denn schließlich soll der biedere künftige Schwiegervater erschrocken ausgerufen haben: »Es ist mir wie dem Ochsen, den der Fleischer mit dem Beil vor den Kopf schlägt.«

Bei seinem zweifelhaften Rufe als »toller Junker« war da viel Umsicht vonnöten, um die Bedenken der Eltern zu zerstreuen. Moritz von Blankenburg, der die pietistische Wesensart sehr genau kannte, beriet ihn sachkundig. Und so wurde sein Werbebrief vom 21. Dezember 1846 ein Meisterstück, in dem vieles wahr ausgesprochen wurde, manches nur halbwahr, aber nichts unwahr. Verbünden wollte er sich wohl mit pietistischen Kreisen, aber sich nicht prinzipiell an sie binden.

Heiter und gelöst erzählt er seiner Schwester Malwine, wie er schwierigen religiösen Erörterungen in Reinfeld durch »eine entschlossene accolade« gleich bei seiner Ankunft zuvorgekommen sei, zum »sprachlosen Staunen der Eltern«. Und munter schreibt er ihr einige Tage später: »Alles Nähere, das maßlose Erstaunen der

Johannas Vater, Heinrich von Puttkamer (1787 – 1871), wird als still und zurückhaltend charakterisiert. Zwar hatte Bismarck, wie es üblich war, bei ihm in einem meisterhaften diplomatischen Werbebrief am 21. Dezember 1846 um die Tochter angehalten, aber alle anderen Eheangelegenheiten – etwa die Kosten der Hochzeitsreise – erläuterte er dann der Schwiegermutter, die in der Familie das Sagen hatte.

Cassuben, von denen die, welche nicht gleich rundum überschlugen, noch immer haufenweise auf dem Rücken liegen, den Verdruß der alten Damen, daß auch keine sagen kann, ich habe eine Silbe davon geahnt, usw. will ich Dir mündlich erzählen.«

Der seelischen Werbung um Johanna, ihrer »Erziehung der Gefühle«, seiner Bereitwilligkeit, sich ihr nach seinen Möglichkeiten anzunähern, diesem Prozeß verdanken wir einen Briefwechsel von literarischem Rang. Mit allen Mitteln, die ihm seine Liebe, seine Freude an der Gemeinsamkeit, seine Bildung und sein Humor eingaben, schrieb er ihr wunderbare Brautbriefe. Briefe sollen, so meinte Bismarck einmal, »wenn sie wahr sind, Abdrücke augenblicklicher Stimmung« sein, »wobei freilich die tiefere Grundmelodie nicht immer deutlich durch die Variationen der Oberfläche klingt«. Das Brautpaar ist lange getrennt, weil Bismarck seit dem Herbst 1846 gewissenhaft das Amt eines Deichhauptmanns bei Schönhausen an der Elbe ausübt. Und bei aller Sehnsucht nach seiner Braut: Das übernommene Amt wird nie vernachlässigt. Jeder Eisgang, der seine Anwesenheit verlangt, hat Vorrang. Daher die Vielzahl der Briefe, in denen er sich nun wirklich ergießt und erschließt. Zu Ende sei es mit den düsteren Byron-Gedichten, schreibt er ihr, in denen seine Stimmungslage oft seinen »innersten Ausdruck« gefunden habe. »Now never any more.« Sie gehören einer Zeit an, in der er »kalt und starr ins Nichts blickte, Schneegestöber im Herzen«.

Liebevoll ist Bismarck, glücklich und heiter, aber nicht unkritisch gegenüber mancher Enge und Provinzialität bei Johanna. Beherzt schreibt er dagegen an, denn manches könnte die künftige gemeinsame Lebensgestaltung beeinflussen, Konfliktmöglichkeiten bergen, die er verhindern möchte. So ringt er in seinen

Briefen um die künftige familiäre Harmonie, an der ihm unendlich viel gelegen ist.

Dazu bedarf es auch der Erörterungen darüber, wie man es denn mit der Religion halte, denn daß ihre Ansichten da auseinandergehen, dessen sind sich beide bewußt, es ist »mehr zu ihrem« als zu seinem »Leidwesen«, schreibt Bismarck dem Bruder. Er will noch einmal »consequenter und mit entschiedener Gefangenhaltung einstweilen des eigenen Urteils« die Heilige Schrift lesen, versichert er dem Schwiegervater. Und dem Jugendfreund Keyserling, der ihn anspricht wegen des radikalen Unglaubens in seiner Studentenzeit, wird er antworten: »Den Vortrupp meiner Zweifel, der sich zu weit hinaus wagt, rufe ich zurück.« Was Bismarck wirklich bei der Annäherung ans Christentum bleibt, ist eine sehr persönliche Art der Beziehung zu Gott, die auf priesterliche Vermittlung verzichtet.

Bei Johanna liegen die Dinge anders, sie ist so streng pietistisch erzogen, daß Bismarck sich bemühen muß, sie aus bisweilen sektenhafter Enge herauszuführen. Da gibt es durchaus resolute Worte: »Wie habt Ihr doch meist so wenig Vertrauen in Euern Glauben und wickelt ihn sorgfältig in die Baumwolle der Abgeschlossenheit, damit kein Luftzug der Welt ihn erkälte, andre aber sich an Euch ärgern und Euch für Leute ausschrein, die sich zu heilig dünken, um von Zöllnern etc. berührt zu werden. Wenn jeder so dächte, der das Wahre gefunden zu haben glaubt, ... zu welchem pensilvanischen Zellengefängnis würde Gottes schöne Erde werden, in 1 000 und aber 1 000 exklusive Coterien durch unübersteigliche Scheidewände eingeteilt.« Und drei Wochen später heißt es schon wieder zum gleichen Thema: »Ein Glaube, der dem Gläubigen von seinen irdischen Brüdern sich abzusondern gestattet, so daß er sich mit einer vermeintlichen isolierten Beziehung zu dem Herrn

In Schönhausen kam Otto von Bismarck am 1. April 1815 zur Welt, aber die Eltern verlegten ein Jahr später ihren Wohnsitz ins pommersche Kniephof, so daß der von Bismarck immer geschätzte »landschaftliche Sinn« in Pommern geweckt und geprägt wurde. Die alten Bäume im Park von Schönhausen jedoch hatten es ihm ein für allemal angetan; er liebte nun einmal die knorrigen, sturmgewohnten Gesellen, die für ihn »Ahnen« waren.

allein in reiner Beschaulichkeit genügen läßt, ist ein toter Glaube ... ein meines Erachtens irriger Weg, auf den der Pietismus leicht und häufig führt, besonders bei Frauen.« Dann folgen Erwägungen über das »Bedürfnis, sich in Freundschaft oder durch andre Bande einem der sichtbaren Wesen enger anzuschließen, als bloß durch die Bande der allgemeinen Christlichen Liebe«. Es wird deutlich, daß Johanna, zur Toleranz ermahnt, wenn er nicht alles annehmen könne, was in der Bibel steht, sich ihm enger anschließen möge. Sie hat es über alle Maßen getan, aber immer blieben religiöse Diskrepanzen zwischen ihnen, und im Alter rückte Bismarck Gott wieder ferner, wie er selbst bekannte. Gottes Beistand aber hat er in schweren Situationen immer angerufen.

Wogegen er immer wieder anschreiben muß, ist Johannas »Schmerzenshunger«, wie er es nennt, ihre Ängstlichkeit vor möglichem Unheil, ihre selbstquälerischen Anwandlungen. Sie möge Leiden nicht durch Furcht noch vorwegnehmen, rät er ihr, eine Eigenschaft, die Johanna ihr Leben sehr erschweren wird.

In jener anschaulich-poetischen Weise, die Bismarcks Stil so auszeichnet, beschreibt er einmal, was ihn an Menschen anzieht. Es gehe ihm da wie mit Blumen, »geruchlose, der Stolz der meisten Gärtner, Georginen, Päonien, Tulpen, Camelien, sind mir von Kind auf gleichgültig gewesen. In bezug auf Menschen habe ich mich oft und immer wieder von dem uns natürlich eingepflanzten Wahn enttäuschen müssen, der von äußerer Schönheit unbewußt auf ein entsprechendes Innere schließt; und niemals ist mir das zugetroffen«; er spricht von jenem »je ne sais quoi«, dem »duftigen Hauch aus den unergründeten Tiefen des Gemüts, der weder Poesie noch Liebe noch Religion ist, der aber alle drei kräftigt, hebt und empfänglicher für sie macht, da, wo er weht«. Das Zerrbild davon heiße er Sentimentalität, das Wahre empfinde er, wenn er bei ihr sei, bei Johanna.

Mit Liebe, wenn auch nicht immer mit Duldung, so verspricht er ihr, werde er auch ihre Schwächen wahrnehmen. Nur um zwei Dinge bittet er sie im Laufe der Zeit: Vorsichtig wird er seiner jungen Frau von Frankfurt aus empfehlen, sich mit der französischen Sprache zu befassen. Von seiner Braut aber erwartet er sogleich voll launiger Energie: »... reiten mußt Du, und wenn ich mich selbst in ein Pferd verwandeln sollte, um Dich zu tragen. Habt Ihr denn keinen Arzt dort, der Deinem Vater die Notwendigkeit davon einleuchtend macht? Steck Dich hinter den, daß er erklärt, Du müßtest blind werden, wenn Du nicht reiten solltest, oder was sonst; er kann, ohne zu lügen, sagen, daß es im Interesse Deiner Gesundheit nötig ist.«

Nie aber hat Bismarck von ihr erwartet, geschweige denn erbeten, daß sie sich mit Politik befasse. Ganz im Gegenteil, er entschuldigt sich bei ihr, wenn ihm Politisches in seinen Briefen unterläuft, so im April 1848: »Ich langweile Dich mit Politik, mein armes Herz, aber der Mund geht über von der Fülle.« Billigend akzeptiert er, wenn sie sich selbst eine »unpolitische Creatur« nennt. Nur ein einziges Mal, im November 1848, bittet er sie in prekärer Situation, Unterschriften gegen die Demokraten zu sammeln, »und lieber 6 Adressen, jede mit 6, als eine mit 36 Unterschriften«.

Wahrscheinlich hat Johanna diesen Auftrag ganz arglos ausgeführt. Es war schon alles recht, was ihr »Bismärckchen« machte. »Der Mann der äußersten Rechten ... bin ich natürlich«, schrieb er ihr im September 1849. Seine »Zukunft« werde sich auf »ständische Verbindung« gründen, das wußte sie. Ihr »Onkel Ludwig«, also Ludwig von Gerlach, förderte Bismarck, später übernahm das Leopold von Gerlach, das Haupt der »Kama-

Durch seine Reden im Vereinigten Landtag zu Berlin 1847 machte Bismarck auf sich aufmerksam und wurde als befähigter, auch demagogische Tricks beherrschender »Nachwuchs« erkannt.

rilla« um den König. Sie stand »den Bewegungen der Zeit ferner«, wie ihr Otto bestätigte, ihm aber stand sie immer nah. Das hat es wohl schon immer gegeben: diese Diskrepanzen zwischen menschlichen Beziehungen im familiären Bereich und den Reaktionen auf die Konflikte im gesellschaftlichen Leben.

In der spannungsreichen Periode des Vormärz war es, daß Bismarck seine einfühlsamen und zärtlichen Briefe an seine Johanna schrieb. Und zu gleicher Zeit – politisch' Lied, ein garstig' Lied? – gab es für ihn angesichts der Vorbereitung und des Ausbruchs der 48er Revolution nur eines: uneinsichtiges und leidenschaftliches Agieren gegen alles, was seine gesellschaftliche Position gefährden könnte. Ein Brief an seine Frau vom 16. September 1849 enthüllt beide Seiten seines Wesens. Sein ungebrochener politischer Haß ist da geradezu umrahmt von zärtlichen Worten für seine Johanna: »Gute Nacht, mein geliebtes Herz«, schreibt er ihr aus Berlin, »mögen Dich Gottes Engel schützen, und bete für mich, daß ich Ihm treu bleibe, ich werde hier so weltlich und zornig, wenn Du nicht bei mir bist. Gestern war ich mit Malle im Friedrichshain, und nicht einmal den Toten konnte ich vergeben, mein Herz war voll Bitterkeit über den Götzendienst mit den Gräbern dieser Verbrecher, wo jede Inschrift auf den Kreuzen von ›Freiheit und Recht‹ prahlt, ein Hohn für Gott und Menschen. Wohl sage ich mir, wir stecken alle in Sünden, und Gott allein weiß, wie er uns versuchen darf, und Christus unser Herr ist auch für jene Meuterer gestorben; aber mein Herz schwillt von Gift, wenn ich sehe, was sie aus meinem Vaterlande gemacht haben, diese Mörder, mit deren Gräbern der Berliner noch heut Götzendienst treibt. Leb wohl, mein süßer Engel, was hast Du mit jenen zu tun, daß ich Dir davon schreibe.«

Die Trauung des Paares hatte am 28. Juli 1847 in der

Ehe die Trauung des Paares am 28. Juli 1847 in der Dorfkirche in Altkolziglow stattfinden konnte, bedurfte es noch einiger Mühen. Johanna, die einzige Tocher der Puttkamers, war im Mai 1847 erkrankt; aber Otto von Bismarck blieb beharrlich: »Du kannst als Frau ebensogut krank sein wie als Braut ... und wirst es später oft genug sein ... wir wollen ja nicht bloß für gute Tage heiraten.«

Drei Kinder gingen aus dieser Ehe hervor. Am 21. August 1848 wurde in Schönhausen die Tochter Marie geboren. Am 28. Dezember 1849 kam Herbert von Bismarck in Berlin zur Welt, über den Bismarck nach der Berufung an den Frankfurter Bundestag heiter bemerkte, daß das »Unglückswurm« zur Berliner Geburt noch süddeutschen Akzent« bekommen werde. Am 1. August 1852 wurde dann die Geburt des Sohnes Wilhelm, Bill genannt, aus Frankfurt gemeldet.

Dorfkirche zu Altkolziglow stattgefunden, dann stellten sich die Neuvermählten den Dorfbewohnern in Kniephof und Schönhausen vor und fuhren anschließend elbaufwärts nach Böhmen, besuchten dabei Prag und Wien, auf einem Donaudampfer ging es nach Linz, dann ins Salzkammergut, nach Tirol und Oberitalien. Weil das Geld noch reichte, leistete man sich zusätzlich Venedig, das auch Bismarcks Erwartungen übertraf. Johanna, die über den Harz und Carlsbad noch nie hinausgekommen war, zeigte sich hell begeistert von allen Eindrücken und der Erlebnisfülle und erfreute Bismarck durch die »totale Unblasiertheit«, mit der sie alles aufnahm. So konnte er schließlich den rechenschaftsheischenden Schwiegereltern im August 1847 schreiben, daß »die ganze Sache nicht viel über 400 Rthlr. zu kosten verspricht und uns Freude für das Leben gewährt«.

Im Oktober war das Paar dann wieder in Schönhausen, wo Johanna mit der Einrichtung begann. Hier kam am 21. August 1848 auch Marie, das erste Kind, zur Welt, und Bismarck erlebte nicht nur erste Vaterfreuden, sondern auch die vorausgegangenen Vaterleiden. »Ich bin recht froh, daß das erste eine Tochter ist«, schrieb er dem Schwiegervater, »aber wenn es auch eine Katze gewesen wäre, so hätte ich doch Gott auf meinen Knien gedankt in dem Augenblick, wo Johanna davon befreit war; es ist doch eine arge verzweifelte Sache.«

Der älteste Sohn Bismarcks, ursprünglich auf Johannas Wunsch, die den Zaren verehrte, Nicolai geheißen – später wurde der Rufname Herbert vorgezogen –, kam am 28. Dezember 1849 in Berlin zur Welt. Am 11. Februar 1850 bat Bismarck den Prediger Goßner, in seiner Wohnung Dorotheenstr. 37 im ersten Stock die Taufe vorzunehmen. Ein Jahr danach witzelte er darüber, daß der Junge, »das Unglückswurm«, zur »Berliner Geburt noch süddeutschen Akzent« bekommen werde. Herbert ist das begabteste und auch problematischste von Bismarcks Kindern, zu denen dann in Frankfurt am 1. August 1852 noch Wilhelm, allgemein nur Bill genannt, kommen wird.

»Drei Tage Tränen«
und acht glückliche Jahre

Wenn man die Frankfurter Zeit nur nach der Rückerinnerung des Ehepaares beurteilt, dann sind die Anfangsschwierigkeiten kaum zu begreifen. »Angenehm war die Zeit in Frankfurt am Main«, sagte Bismarck später. »Junger Ehemann, gesunde Kinder, drei Monate Urlaub im Jahr. Der Bundestag bedeutete alles in Frankfurt – und dann der Rhein, der Odenwald, Heidelberg.« Und Johanna schreibt im April 1875 ganz enthusiastisch: »Ja, ja unser geliebtes Frankfurt ..., wo ich meine 8 glücklichsten Lebensjahre verjubelt.«

Kaum zu glauben, wo es doch bei Johanna, als der Wohnort Frankfurt anstand, »drei Tage Tränen« gegeben hatte, wie Bismarck verriet. Das war allerdings nicht ganz unabhängig von ihrer recht resoluten Mutter, mit der es bei Bismarck ohnehin im persönlichen Umgang nicht ohne Spannungen abging, die er dann immer wieder brieflich mit großem Geschick zu beheben versuchte. Aus gebührendem zeitlichem Abstand – ein Jahr vor ihrer Silberhochzeit, am 28. Juli 1871 – hat Johanna einmal erzählt, wie es damals zugegangen war. »Ihren Eltern, die mit altem Maße Zeit und Raum maßen, war es am schwersten gefallen, daß Schönhausen so weit entfernt lag – über sechzig Meilen!! Als nun aber Bismarck 1848 vielfach abgezogen und 1851 gar nach Frankfurt a.M. versetzt wurde, da riß der Mutter die Geduld, und sie sagte zur Tochter in Gegenwart des Eidams, sie hätte besser getan, einen Schweinehirten vom Gut zu heiraten, worauf Bismarck bemerkte: ›Mama, die Karriere steht mir ja immer noch offen!‹«

Auch Johanna hatte wohl mit dem Gedanken gespielt, sich von ihrem Pommern nicht endgültig verabschieden zu müssen, denn Bismarck gestand dem Bruder noch im November 1849: »Sie würde sich sehr betrüben, wenn ich K.(niephof) verkaufte, da ihre fixe Idee immer noch ist, daß wir einmal dort wohnen werden, auf die eine oder die andere Zufälligkeit hin.«

Aller Anfang für eine eigene Lebensgestaltung der jungen Familie lag in Frankfurt. Das spürten nicht nur die aufgescheucht reagierenden Schwiegereltern, das fühlte auch »geängstigt« Johanna, und selbst Bismarck war nicht frei von gewissen Stimmungen. Obwohl: Grundsätzlich gab es für ihn überhaupt kein Zögern, als unerwartet und sogar ohne die übliche »Ochsentour«, die für hohe Ämter im allgemeinen absolviert werden mußte, die Berufung als Bundestagsabgeordneter nach Frankfurt an ihn erging. Wie er reagiert hatte, erzählte er dem Studienfreund John Lothrop Motley bei dessen Besuch in Frankfurt. Als der Minister Manteuffel ihn im Sommer 1851 »eines Tages plötzlich« fragte, »ob er den Posten eines Gesandten in Frankfurt annehmen würde«, habe er, obgleich der Vorschlag ihm so unerwartet kam, als wenn er »zum Gouverneur von Massachusetts gewählt worden sei«, nach einem Augenblick der Überlegung einfach mit Ja geantwortet. Der König ließ ihn am selben Tage zu sich rufen und fragte ihn, ob er die Stelle annehmen wolle, worauf er dieselbe kurze Antwort gab. »Seine Majestät drückte einiges Erstaunen darüber aus, daß er keine Fragen und Bedingungen stellte.« Das ist nur allzu verständlich, wie konnte er, und wie sollte er? Da sich seine Ambitionen ohnehin nicht aufs abgelegene Pommern, sondern ins Zentrum politischer Entscheidungen und Konfrontationen richteten, wie hätte er einem Angebot, mit 36 Jahren nach Frankfurt »auf den augenblicklich wichtigsten Posten

Die Schwiegermutter, Luitgarde von Puttkamer (1799 – 1863), war eine energische pommersche Gutsherrin, die es Bismarck nicht leichtmachte. Mit diplomatischem Geschick versuchte er brieflich die Differenzen auszugleichen, die das Zusammensein mit ihr offensichtlich immer wieder brachte: »Denn«, so erfährt sie, »der Mann Gottes in mir liebt Dich innig, wenn Dich der Knecht des Teufels auch anfährt.«

unserer Diplomatie« zu gehen, widerstehen können? Fühlte er sich doch ohnehin nicht nach seinen Möglichkeiten gefordert. Mißgünstig und neidvoll ob des ungewöhnlichen Karrieresprunges reagierten sogleich höfische Kreise, die ihn als »diplomatischen Säugling« verspotteten, wie Bismarck daraufhin selbstironisch einen Brief an Leopold von Gerlach unterschrieb.

So wurde es ihm nicht allzu schwer, mit eigenen wehmütigen Anwandlungen fertigzuwerden. Kräftezehrender war es, die lamentierenden Schwiegereltern zu besänftigen und Johanna endlich von ihnen abzunabeln. Mit subtilem Gefühl für die Reinfelder Gemütslage argumentierte Bismarck wieder einmal geradezu unwiderleglich: »Ihr habt Euch oft beklagt, daß man aus mir nichts machte von oben her«; und nun dieses Angebot? Er habe es nicht gesucht, der Herr habe es gewollt, er müsse annehmen und könne sich dem nicht entziehen. Daß die Gottesfügung vielleicht eher seinen Förderern, den Brüdern Gerlach, zu verdanken war, blieb ungesagt. Auf jeden Fall: »Es wäre feig, abzulehnen.«

Und nun bedurfte Johanna der Aufmunterung, die ihr liebevoll von ihrem Manne zuteil wurde: »Was sprichst Du von langer Trennung, mein Engel? Mach Dich mit dem Gedanken vertraut, daß Du mit mir mußt in den Winter der großen Welt; woran soll ich sonst mich wärmen? Es ist möglich und wahrscheinlich, daß ich auf lange Jahre nur ein flüchtiger Besucher auf Urlaub in der Heimat sein werde; so lange können und dürfen wir uns nicht trennen. Lichte die Anker Deiner Seele und bereite Dich, den heimischen Hafen zu verlassen.« Und wenn Bismarck sich hier als »Gottes Soldat« versteht und glaubt, daß Er ihn schicke und sein Leben zuschnitze, wie »Er es braucht«, so ist das keineswegs allein auf Johanna abgestimmt; er hat sich ihrem

Der noch wenig bekannte Otto von Bismarck im Jahre 1850, porträtiert von einem ebensowenig bekannten Maler, Moritz Berendt. Es ist noch ein langer Weg, ehe sich ein Adolph von Menzel für ihn interessiert.

gläubigen Fühlen in der Tat unter dem sanften Zwang der Liebe angenähert und wird sich dessen später des öfteren mit Wehmut erinnern. Und dann heißt es schon aus Frankfurt: »Ich weiß nicht, wie ich das früher ausgehalten habe; sollte ich jetzt leben wie damals, ohne Gott, ohne Dich, ohne Kinder, ich wüßte doch in der Tat nicht, warum ich dies Leben nicht ablegen sollte wie ein schmutziges Hemde.« Auch dem alten Studienfreund Scharlach bekennt er: »Das größte Glück, für welches ich Gott danke, ist mir durch meine Ehe geworden, in deren Verlauf von nun bald 3 Jahren ich mich des ungetrübtesten Sonnenscheins erfreue; ein Umstand, der mir bei Widerwärtigkeiten den Kopf über Wasser hält.« Nahezu abergläubische Angst aber erfüllt Bismarck beim Gedanken, er könnte das endlich gefundene Familienglück durch widrige Umstände verlieren. »Möchte die Dankbarkeit dafür doch mein trotziges und weltliches Herz so empfänglich machen für die Gnade des Herrn, daß Er nicht nötig hat, mich zu züchtigen in dem, was ich liebe, denn davor fürchte ich mich mehr als vor jedem andern Übel.«

Wie soll sie diesem Ansturm der Gefühle gewachsen sein, Johanna von Puttkamer aus Reinfeld? Die Vielzahl der Briefe geht ganz auf ihr Empfinden ein und ist doch darauf abgestimmt, sie für ein neues und anderes Leben an seiner Seite zu gewinnen, für ein von ihnen selbstbestimmtes, in das auch die Schwiegermama nicht mehr so viel hineinredet. Nicht ohne Vergnügen liest man da Bismarcks Rechtfertigungsversuche und seinen Wunsch, es möge ihm »mit Gottes Hülfe« gelingen, »den jähen Zorn aus meinem Herzen zu bannen und die Unfreundlichkeit zu bemeistern, die zufälliger Verdruß leicht in meinem äußern Wesen zu Tag treten läßt«. Denn, so erfährt die Schwiegermutter: »Der Mann Gottes in mir liebt Dich innig, wenn Dich der

Knecht des Teufels auch anfährt«, und nun weiß man's genau und kann nur noch mit Bismarck hoffen: »Gott wird ja seinem Teil beistehn, daß Er Herr im Hause bleibt und der andre sich höchstens auf dem Hausflur zeigen darf, wenn er auch da mitunter tut, als ob er der Wirt wäre.«

Daß Otto noch sehr behutsam angesichts der Reinfelder Vorstellungen agieren muß, verrät ein Brief vom 14. Mai 1851 an Johanna: »Eine Bitte habe ich an Dich, aber behalt es für Dich und tu nicht, als ob ich ein Wort davon geschrieben hätte, gegen Mutschchen, sie macht sich sonst unnütze Gedanken davon: beschäftige Dich mit dem Französischen, soviel Du kannst in der Zeit, aber tue, als ob Du selbst darauf verfielst, daß es zweckmäßig sei.« Sie käme schließlich in französisches Wesen und Reden hinein, es wäre nicht zu vermeiden, daß sie sich damit vertraut mache. Aber wenn es ihr nicht conveniere, so möge sie diesen Rat nicht schwernehmen. Besorgt, Johanna zu überfordern, beendet er den Brief nach einer teilweisen Zurücknahme seiner Bitte mit einer leidenschaftlichen Liebeserklärung: »Es hängt das Leben nicht dran, Du bist meine Frau und nicht der Diplomaten ihre, und sie können ebensogut deutsch lernen wie Du französisch. Nur wenn Du Muße hast oder doch lesen willst, so nimm einen französischen Roman; hast Du aber keine Lust, so sieh dies als nicht geschrieben an, denn ich habe Dich geheiratet, um Dich in Gott und nach dem Bedürfnis meines Herzens zu lieben und um in der fremden Welt eine Stelle für mein Herz zu haben, die all ihre dürren Winde nicht erkälten und an der ich die Wärme des heimatlichen Kaminfeuers finde, an das ich mich dränge, wenn es draußen stürmt und friert; nicht aber, um eine Gesellschaftsfrau für andre zu haben.«

Gesellschaftsfrau für andre? Das zielt auf Erfahrungen mit seiner Mutter hin und auf seinen Wunsch, keine Frau in ihrer Art zu heiraten. Was aus seiner Bitte geworden ist? Nun, Johanna hat sich ums Französische bemüht und es passiv beherrscht, aber daß sie in Gesellschaft französisch gesprochen hätte, davon hat niemand berichtet.

Aufmerksam beobachtet Bismarck dann in Frankfurt die Diplomatenkreise, auf der Suche nach einem für seine junge Frau passenden Umgang. »Vor der hiesigen Vornehmigkeit fürchte Dich nicht«, schreibt er ihr aus Frankfurt am 18. Mai 1851, »dem Gelde nach ist Rothschild der Vornehmste, und nimm ihnen allen ihr Geld und Gehalt, so würde man sehn, wie wenig vornehm jeder an und für sich ist; Geld tuts nicht, und sonst – möge der Herr mich demütig erhalten, aber hier ist die Versuchung groß, mit sich selbst zufrieden zu sein.« Und gerade bei den besseren Exemplaren der Damenwelt fühlt sich Bismarck darin bestätigt, »daß eine Frau aus dieser Welt nicht für mich gepaßt hätte«. Besonders mißfällt ihm, wenn die Damen »ekelhaft« auf Zweideutigkeiten eingehen. »Es macht mir einen weniger verderbten Eindruck, wenn eine Frau einmal gründlich fällt, aber die Scham im Herzen bewahrt, als wenn sie Freude an solchem Gerede findet.« Daß sie derlei von sich fernzuhalten weiß, schätzt er an der Frau des österreichischen Bundestagsgesandten Thun. Aber Johanna wird dann selbst ihre Wahl treffen und sich Frau von Eisendecher anschließen, der Gattin des oldenburgischen Bundestagsgesandten.

Es war wesentlich, daß Otto wie Johanna von Bismarck in der Art ihrer familiären Lebensführung übereinstimmten. Bismarck wollte es ländlich-sittlich in seinem Hause haben und soviel vom gutsherrlichen Lebensstil bewahren wie nur möglich. Gerade das war Johanna sehr vertraut. Sie verstand es, wenn er sie im

Mai 1851 bat: »Sieh doch ja zu, daß Du die Mädchen mit herbekommst oder, wenn sie durchaus nicht wollen, andre von dort, die man schon einigermaßen kennt; so einen Frankfurter Schnips mag ich nicht im Zimmer haben und bei den Kindern; oder wir müssen aus Hessen ein Mädchen mit kurzen Röcken und einer lächerlichen Kopfbedeckung nehmen, die sind noch halbwegs ländlich und rechtlich.« Ähnlich wünscht sich Johanna noch im Jahre 1891 ein Mädchen: »Sie kann ganz einfach sein, am liebsten ein Landmädchen, die weniger verwöhnt und weniger vergnügungssüchtig sind wie die alten Stadtklapper, nur ehrlich, anständig und in Waschen und Plätten erfahren.« Da sind städtisches Selbstbewußtsein und mehr Lebensanspruch keineswegs gefragt.

Nachdem die Entscheidung gefallen war, kümmerte sich Bismarck intensiv um vieles Praktische in Frankfurt. Da ging es zunächst um den geeigneten Wohnsitz. So ganz nach gewohntem häuslichem Behagen werde es nicht gehen, schrieb er an die Schwiegermutter, »indessen will ich mich bemühn, wenn unsre Geldmittel es irgend erlauben, eine von den reizenden Gartenvillen zu mieten, wo wir eine abgeschlossene und an das Landleben erinnernde Häuslichkeit haben werden«. Man lebte schließlich zur Miete in der Gallusstr. 6, wo sich ein kleiner Garten ans Haus anschloß. »Ich freue mich sehr, endlich einmal wieder eine Häuslichkeit vor mir zu sehn«, hieß es freimütiger dem Bruder gegenüber, »wenn auch von der Art, wie sie weder meinem noch Johannas Geschmack zusagt. Wer hätte vor einem Jahre, ja vor einem halben, auch nur daran gedacht, daß ich für 5 000 Fl. zur Miete heut wohnen und mir einen französischen Koch halten würde, um Diners an Königs Geburtstag zu geben. Ich finde mich in alles, aber meiner armen Nanne wird das nie gefallen, und sie wird sich schwer an die kalten und spitzen Berührungen mit dieser Art von Welt gewöhnen. Ich selbst leide oft an maßlosem Heimweh, wenn ich nach vollbrachter Schreiberei einsam im Walde umherreite und mich an die harmlose Ländlichkeit früherer Existenz erinnere.« Zur Miete wohnen, einen französischen Koch haben, anfangs auf geliehenen Pferden reiten, all das widersprach der Mentalität eines Landjunkers, dem am Eigenen gelegen war. Und auch der Förderer Leopold von Gerlach erfährt von Bismarck ganz offenherzig: »Sie würden mich ... nachsichtig beurteilen, wenn Sie wüßten, wie jemand zu Mute ist, der, nachdem er 12 Jahre lang ein unabhängiger Landjunker, das heißt bodenlos faul gewesen ist, nun plötzlich vom Aufstehn bis zum Niederlegen galérien des Dienstes ist.«

Vieles, was Bismarck anfangs als problematisch ansah, spielte sich besser ein, als er vermutet hatte. Manches aber wollte nicht so recht gelingen bei Johanna. Schulden wollen wir nicht machen, erklärte er ihr, aber »äußerlich elegant müssen wir sein«. Und so war er denn bemüht, seine Frau mit etwas Schmuck und Garderobe auszustatten, wobei er vor allem seine modebewußte Schwester Malwine, in der wohl noch etwas vom gesellschaftlichen Flair ihrer Mutter lebte, mit »Commissionen« für Johanna beauftragte.

Meist ist es Schmuck, den Malwine kaufen soll, oder ein Kleid für Weihnachten 1857 – »zu etwa 100 Th.; nicht mehr« – und in Gottes Namen halt auch einen vergoldeten Fächer, der sehr rasselt, aber »höchstens zu 10 Th., ich kann die Dinger nicht leiden«. Johanna wünscht sich ein Armband aus kleinen viereckigen Goldstücken. »Findest Du eine andre Form, die Dir besser gefällt, so habe ich alles Zutrauen auf Deinen Geschmack. Was grade Mode ist, hat um deshalb für mich nicht den Vorzug; man behält dergleichen doch länger,

Malwine von Bismarck, die spätere Frau von Arnim, ist in ihrer Jugend ganz offensichtlich die sonst von Bismarck immer sehr kritisch gesehene »Gesellschaftsfrau« gewesen, lebendig und sinnenfreudig, elegant und modebewußt, weswegen sie gern mit dem Besorgen von Geschenken für Johanna beauftragt wurde.

als die Mode dauert.« Und an die Schwiegermutter heißt es später noch zusätzlich zum Modischen: »Leider läßt uns das Bedürfnis der Frankfurterinnen, ihre neuen Kleider zu produzieren, nicht recht oft zu einem ruhigen Abend kommen … Es hat etwas Beängstigendes zu sehn, wie die Leute ihren armseligen Leib als Aushängeschild benutzen, um zu zeigen, was sie bezahlen können.«

Hätte sich Johanna nur auch der kundigen Schwägerin anvertraut, ehe sie für ihren Mann jenes ihm eher peinliche Geschenk kaufte, eine »Kette mit allen möglichen kleinen Orden daran«. Es sei zwar niedlich, aber ihm doch »etwas génant«, gestand Bismarck der Schwester. Dabei habe sich Johanna fast ruiniert und es würde sie »sehr schmerzen, wenn sie merkte, daß es nicht ganz mein geheimrätliches Ideal ist«.

Aber auch Bismarck fällt da mitunter recht Merkwürdiges ein. So trägt er sich mit dem Gedanken, ein »wirkliches dänisches Ordenskreuz«, dessen Steine zu seiner Verwunderung echt sind, für Johanna »auszunehmen« und in irgendeine andere Form arrangieren zu lassen. Die Malle wird's schon richten, und er braucht ihr Berliner Urteil darüber, grüßend und zum neuen Jahre 1858 Glück wünschend, »welches eine so reizende und so vortreffliche Geschenke besorgende Schwester verdient«.

Nein, trotz Bismarcks gar nicht so ungeschickten Bemühens, sie wurde nicht elegant, seine Johanna. Ihr Wesen war anders geartet, aber keineswegs ohne Reiz. Das bestätigen immer wieder die Besucher ihres überaus gastfreundlichen Hauses, besonders Bismarcks ehemalige Studienfreunde, die sie als freundlich, warmherzig und vollkommen natürlich beschreiben. Johanna war nicht die Frau für die große Welt, aber sie war die des kleinen Kreises, in dem sie eine ungezwungene Atmosphäre zu verbreiten verstand. Im Laufe der Jahre wuchs auch ihr Selbstgefühl, ihre innere Sicherheit, weil sie allmählich wußte, was sie nicht konnte und was sie konnte.

Von ihren Jugendjahren an bis ins Alter nutzte sie jede Gelegenheit, sich an Musik zu erfreuen. Einer ihrer ältesten Bekannten, Robert von Keudell, später ein Mitarbeiter Bismarcks, weiß, daß Johanna ihrem Mann in den ersten Ehejahren oft auf dem Piano vorspielte. Im Winter 1849/50 nahm sie sogar wöchentlich eine Klavierstunde. Bei dieser willkommenen Gelegenheit hörte auch Bismarck gern zu. Vom Frühjahr 1849 berichtet Keudell: »Wenn Zeit und Stimmung für Musik vorhanden war, wünschte er nur leidenschaftlich aufgeregte Stücke.« Ruhige oder heitere Musik nannte er sonderbarerweise »vormärzlich«.

Wie Otto von Bismarck Musik aufnahm, hat Keudell aufmerksam beobachtet und wiedergegeben. Als Abgeordneter und in Frankfurt habe er, gewöhnlich rauchend, »mit ungeteilter Aufmerksamkeit« zugehört. In Petersburg habe er beim Zuhören gelesen wie auch als Minister und als Bundeskanzler. »Als Reichskanzler aber lehnte er ab, Musik zu hören, weil die Melodien ihn nachts verfolgten und zu schlafen hinderten.«

Das war auf Bismarcks emotional engagierte Musikaufnahme zurückzuführen. Keudell war Zeuge, wie Johanna ihrem Mann in Frankfurt zweimal einen kurzen feurigen Satz von Ludwig Berger (Opus 12, Nr. 3) vorspielen mußte, worauf Bismarck bemerkte: »Diese Musik ... gibt mir das Bild eines Cromwellschen Reiters, der mit verhängten Zügeln in die Schlacht sprengt und denkt: jetzt muß gestorben sein.« Gute Musik rege ihn »oft nach einer von zwei entgegengesetzten Richtungen an: zu Vorgefühlen des Krieges oder der Idylle«. Die Beethovenschen Sonaten hatte er oft von dem Studien-

Seiner Schwiegertochter Marguerite Hoyos bekannte Bismarck später: »Man glaubt gar nicht, wie schwer es mir wurde, aus einem Fräulein von Puttkamer eine Frau von Bismarck zu machen; ganz ist es mir erst nach dem Tode der Eltern gelungen.«

freund Graf Alexander Keyserling gehört, sie blieben ihm ein geistiger Besitz. Mehrmals äußerte er: »Beethoven sagt meinen Nerven am besten zu.« Und über das erste Stück der großen Sonate in f-Moll: »Wenn ich diese Musik oft hörte, würde ich immer sehr tapfer sein.« Seine Meinung über den letzten Satz: »Das ist wie das Ringen und Schluchzen eines ganzen Menschenlebens.« Nächst Beethoven liebte er Schubert. Und über eine Fuge von Bach (Wohltemperiertes Klavier, Band II, Nr. 9) sagte er: »Der Mann hat von Anfang an mancherlei Zweifel, ringt sich aber allmählich durch zu einem festen, frohen Bekenntnis.«

Wenn er Musik hörte, klang bei Bismarck stets Persönliches an. Sie setzte sich bei ihm um in bewegte Bilder, in Vorstellungen und Erlebnisse, sie inspirierte bei ihm Stimmungen und weckte Erinnerungen. Gerade diese für ihn in so hohem Grade an- aber auch aufregende Wirkung hatte zur Folge, daß seine Musikempfänglichkeit, die ihm Keudell noch als Gesandter, als Minister und als Bundeskanzler bestätigte, nachließ. Es wurde schließlich zuviel für ihn und überanstrengte seine geistigen wie seelischen Kräfte.

Daß er nicht ins Konzert gehen wollte, sondern in jedem Falle die Hausmusik vorzog, verriet wieder seine ländliche Vorprägung, die gutsherrliche Abgeschlossenheit: »Das bezahlte Billet und der eingezwängte Platz verleideten ihm den möglichen Genuß. Schon der Gedanke, für Musik Geld zu zahlen, sei ihm zuwider. Musik müsse frei geschenkt werden wie Liebe.«

Johannas Beziehung zur Musik war einfacher. Sie erfreute sich daran mit Ohr und Herz, wie sie einmal sagte, und ganz besonders gern hatte sie Lieder. In den letzten Frankfurter Jahren und in Petersburg sei sie so durch die Kinder beansprucht gewesen, daß sie mitunter längere Zeit nicht mehr Klavier spielen konnte, weiß

Keudell. Und: »Zu leichter Erwerbung neuer Stücke fehlte ihr eine bequem gehorchende Technik. Dennoch hat sie sich später in Berlin manches Neue, auch aus Liederheften und Opern, angeeignet. Volksmelodien und schöne Walzer haben ihr jederzeit zur Verfügung gestanden.« Gelegentlich besuchte sie später mit ihrer Tochter Marie die Oper und lud noch im Mai 1893 – ein Jahr vor ihrem Tode – den Sänger Raimund von zur Mühlen nach Friedrichsruh ein, auf daß er sie »unendlich« erfreue mit seinen Liedern. Wenn alle eigene Lebensgestaltung auch in Frankfurt begann, der Weg führte weiter. Johanna, stets versichernd, daß ihr »städtisches Leben ... gründlich zuwider« sei, hatte relativ rasch ihre spezifische *ars vivendi* in der Mainstadt gefunden. Sie lebte, wie sie die Schwägerin in einem zufriedenen Brief schon im Juli 1852 wissen ließ, mit den Ihren »vor dem Tore recht ländlich und schön«, machte nur einige Stippvisiten, wenn es ihr beliebte und hin und wieder »Abendbesuche bei denen, die zurückgeblieben und die ich recht lieb gewonnen habe. Alles ohne Zwang, ganz angenehm und harmlos.« Das wäre schon ihr Lebensideal gewesen, was sie dem Sohn Wilhelm später einmal so beschrieb: »...ganz con amore hinzuleben und gar nicht zu wissen, was Angst und Gefahr, Haß, Rachsucht und Gallenbitterkeit ist.« »Ist mir aber wohl nie mehr beschieden!« setzte sie hinzu.

Petersburg und die
»fehlende Häuslichkeit«

Die Frankfurter Zeit, die beiden im nachhinein wie eine Idylle erschien und es im Vergleich mit alledem, was auf sie noch zukam, sogar war, ging dem Ende zu, als man gewahrte, daß dieser lange unterschätzte preußische Landjunker, dessen diplomatischer Stil dem herkömmlichen so gar nicht entsprach, doch ernst zu nehmen war. Mitunter kann es hilfreich sein für die Entwicklung, unterschätzt zu werden. Es ruft die Gegner nicht so rasch auf den Plan. Nachdem die Österreicher im Bundestag erkannt hatten, daß Bismarck meinte, was er sagte – es war die sie zunächst »frappierende Wahrheit«, daß er gegen ihre Vormachtstellung im Interesse Preußens kämpfen werde –, da agierten sie auch, um ihn aus Frankfurt wegzubekommen.

Das wurde bitter für beide. Auch Bismarck hätte es vorgezogen, in Frankfurt zu bleiben, »wenn's irgend Gottes Wille ist«, aber während des Regentschafts- und Regierungswechsels Ende der fünfziger Jahre hatte die österreichische Diplomatie eben die Möglichkeit genutzt, den hartgesottenen Gegner vom »Vorposten am Rhein« zu verdrängen und »kaltzustellen an der Newa«, wie er es nannte. Was Bismarck schon schwer ankam, mußte auf Johanna deprimierend wirken, aber das Leben an der Seite eines Bismarck war nun einmal von allen Wechselfällen des politischen Lebens betroffen. Diesmal bat Bismarck sogar die Schwester und den Schwager: »... so kommt bald ... und helft mir Johanna ermutigen«, denn sie sei noch immer in »einer elegischen Stimmung über Petersburg, und das Wohlwollen einiger dort gewesner Collegen beiderlei Geschlechts hat ihr jetzt schon die Überzeugung beigebracht, daß es am 13./1.Sept. zuwintert und Mitte Juni alten Stils auftaut«. Und so hörte man wiederholt von ihm, er müsse Johanna »flottmachen«, oder, an den Bruder gerichtet, er käme nach Pommern, »um Johanna mobil zu machen«. Es schien vonnöten, daß er mitunter energischere Töne anschlug, so, wenn er im Mai 1859 einmal aus Zarskoe Selo schrieb: »Heut früh erhielt ich Deinen letzten Frankfurter Brief voll Abschiedswehmut über Vögel, Blumen und Menschen. Was hilft hangen und bangen. Was sind muß, muß sind!«

Und beherzt kümmerte er sich, wie einst in Frankfurt, wieder ums Praktische des nötigen Umzugs. Da muß er sich an den Freiherrn Georg von Werthern wenden, weil er, »wenn das Militär kein veto einlegt«, drei Diener mitbringen möchte, denn: »Ich rechne Diener weniger zum Geschlechte der Katzen, die am Gebäude, als zu dem edleren der Hunde, die am Menschen haften. Ich kann mich nicht entschließen, einem Menschen, mit dem ich zufrieden bin und der bei mir zu bleiben verlangt, den Stuhl vor die Tür zu setzen; ich habe meine Leute teilweis schon vom Lande her mitgebracht, u. ihren Doyen seit 14 Jahren bei mir. Einer von ihnen wandert nach Amerika aus, den Kutscher, der ein Frankfurter ist, lasse ich hier; 3 aber haben gebeten, daß ich sie mitnehme, 1 Jäger, ein Diener, ein Reitknecht. Ich kann dieses nicht gut ablehnen, nach meiner Ansicht über das Verhältnis von Herr und Diener.« Natürlich wird er in Petersburg auch Leute brauchen, die Russisch können. Aber als »verständiger Familienvater« möchte er auch nicht mehr als nötig haben. Daß der Koch aus familiären Gründen nicht mitkann, bedauert er. Da wird sich Johanna bald bemühen, »einen Königs-

Bismarck im Jahre 1858, wo er seinen Weg schon gefunden hatte, in der diplomatischen Laufbahn wie bei der Herausbildung eigener politischer Ansichten.

berger Koch« aufzutreiben, wogegen Bismarck »gar nichts zu erinnern hat«.

Otto von Bismarck freundete sich mit der neuen Umgebung besser und rascher an, als er es selbst erwartete. Die Österreicher seien in Petersburg so »drunten durch«, daß »kein räudiger Hund ... ein Stück Fleisch von ihnen« nehme, heißt es drastisch und zugleich besänftigend für seine zorngeladene Seele. Dann aber gefällt ihm »der gemeine Mann ... überhaupt dem ersten Anblick nach«, weswegen er auch gleich das Russisch der Kutscher, der Muschiks, der Jäger und Diener lernt, nicht die Salonsprache, sondern die des einfachen Volkes.

Petersburg gefällt ihm, und Moskau nennt er, der den Städten im allgemeinen weniger gewogen ist, »als Stadt die schönste und originellste, die es gibt«. Er lernt Archangelskoe kennen und erlebt auf der Fahrt von Petersburg nach Moskau Grün »mit vollem Recht als die russische Leibfarbe ... grün in allen Schattierungen ... buschartige Wälder, meist Birken, decken Sumpf und Hügel, schöner Graswuchs unter ihnen, lange Wiesen dazwischen ... Acker erinnre ich mich nicht bemerkt zu haben, auch kein Heidekraut und keinen Sand; einsam grasende Kühe oder Pferde wecken mitunter die Vermutung, daß auch Menschen in der Nähe sein könnten. Moskau sieht von oben wie ein Saatfeld aus, die Soldaten grün, die Möbel grün, und ich zweifle nicht, daß die vor mir stehenden Eier von grünen Hühnern gelegt sind.« Zu dieser munteren Stimmung trägt bei, daß er bald ein passendes Haus für sich und die Seinen im vornehmen Diplomatenviertel am Newa-Ufer gefunden hat. Es ist das Stenbocksche Haus am Englischen Quai, repräsentativ mit vornehmer Fassade, breitem Treppenaufgang und innen genügend Räumen für die Gesandtschaftskanzlei; die architektonische Gestaltung interessiert Bismarck allerdings weniger als die ganz in der Nähe gelegene Nikolaibrücke, die nach Wassily-Ostrow führt, wo er Wälder, Wiesen und Reitwege findet.

Er freut sich, weil der Schiffsverkehr auf der Newa auch für die Kinder ein Vergnügen sein wird, und zudem legen unter dem Fenster die Stettiner Dampfer an. Was Bismarck nicht wissen konnte: Dort wird ein reichliches Halbjahrhundert später auch der Panzerkreuzer ›Aurora‹ ankern, der im Oktober 1917 den Startschuß zum Sturm auf das Winterpalais abfeuern soll.

So hoffnungsvoll wie beim Auftakt bleibt es nicht. Bald wird Bismarck Sorgen mit seiner Gesundheit haben. Während er noch am 11. Juni 1859 seiner Johanna schreibt, daß er die erste Nacht im Stenbock geschlafen habe und: »Anstrengungen bekommen mir stets vortrefflich, ich war lange nicht so wohl wie nach dieser Moskaufahrt«, klingt vierzehn Tage später alles schon ganz anders. Da ist von Hexenschüssen die Rede, von Erkältungen, von übermäßiger Arbeit die Nächte hindurch, politischem Ärger, der den Magen ins Mitleiden zog, von notwendiger Diät und einer »verstimmten Seelen-Claviatur«. Diesem Leben fehle, »was ich das sonntägliche Element nennen möchte, nicht Frankfurter, sondern Kolziglower Sonntag; ein Tropfen Himmelsruhe in dieses fieberheiße Durcheinander, etwas Feiertag in diese Werkstatt, wo Lüge und Leidenschaft rastlos auf den Amboß menschlichen Unverstandes hämmern«.

Für Johannas stets angsterfüllte Seele ist das gerade genug. Deutlicher über ärztliche Fehlbehandlungen mit Schröpfen bei einem Übel, das er »rheumatisch-gastrisch-nervös« nennt, wird er – wie immer – bei der Schwester, die er zugleich bittet, über Details nichts Johanna zu sagen, die nur von »gebräuchlichen Hexenschüssen« weiß.

Das Stenbocksche Haus am Englischen Quai wurde der Wohnsitz der Bismarcks in Petersburg. Es war ein repräsentativer Bau im Diplomatenviertel mit vornehmer Fassade und breitem Treppenaufgang, direkt an der Newa gelegen, wo die Stettiner Dampfer anlegten, vor allem aber führte die nahe Nikolaibrücke nach Wassily-Ostrow hinüber, wo Bismarck in kleinen Wäldern und Parks beim Reiten Erholung finden konnte.

Dazu kommt noch eine falsche Behandlung am Knie, die schmerzhaft und langwierig wird. Es kostet schon so einiges, ehe er das Lebensschiff für sich und die Seinen wieder flottbekommt. Mit seinem Befinden geht es erst wieder besser, seit er »im eigenen Hause« mit seiner Familie lebt, denn, so schreibt er im März 1861 an seine Schwester: »... ein Umzug ist halbes Sterben.«

Und dabei verläuft dann Johannas Eintritt in die Petersburger Gesellschaft gar nicht so schlecht, auch sie selbst findet »das Leben viel behaglicher als erwartet«. Bismarck bedarf noch der Schonung; und so beantwortet sie, wenn sie allein ausgeht, »unverdrossen alle Erkundigungen nach meiner Gesundheit als unentbehrlichen Dünger auf dem unfruchtbaren Boden der Konversation«.

Alles ist großzügiger in Petersburg, das Land, die Stadt, die Jagd, über die noch zu sprechen sein wird, die Gesellschaft. Bismarck genießt es, der »hadernden Vielköpfigkeit von Frankfurt« entronnen zu sein. Nach Berlin jedenfalls, wohin er oft in Wartestellung beordert wurde, will er nicht. Wenn es denn nicht mehr Frankfurt sein konnte, dann ist ihm schon Petersburg »am liebsten«. Auch London und Neapel würde er Berlin vorziehen in der derzeitigen politischen Lage, wo er für die unsichere deutsche Politik nicht verantwortlich sein möchte.

Immer, wenn bei Bismarck die Belastungen seine Kräfte übersteigen, kommen bei ihm quietistische Stimmungen auf, so auch im März 1861, wo er wieder vertrauensvoll der Schwester schreibt: »Im übrigen habe ich mich mit der Existenz hier befreundet, finde den Winter durchaus nicht so übel wie ich dachte, und verlange nach keiner Änderung der Lage, bis ich mich, wenns Gottes Wille ist, in Schönhausen oder Reinfeld zur Ruhe setze, um meinen Sarg ohne Übereilung zimmern zu lassen.« Etwa sechsundvierzig ist er da. Die Schwester versteht schon, daß das nicht so ernst zu nehmen ist, sondern eine momentane Stimmungslage; nur Johanna pflegt solche Anwandlungen mitunter zu verabsolutieren und zitiert sie dann im Brustton der Überzeugung und genauen Wissens. Sie altert in der Tat sehr rasch, was ein erstaunlicher Brief vom 4. Februar 1862 an ihre Frau von Eisendecher aus den Frankfurter Tagen erkennen läßt: »... Bismarck jagt bei einem ländlichen Bekannten, im Verein mit seinem jüngsten Sekretär, Wölfe und Bären ... und ich werde mehr und mehr ein altes Weib, grauhaarig, runzelig, krumm und dürr – und lebe mit meinen Interessen nur in der Familie und in den Freundschaften vergangener Zeiten, da kann ich mich versenken mit wahrer, stiller Schwelgerei. – Das Neue aber hat wenig oder gar keinen Reiz für meine alten Gefühle, selbst ein Kaiser-Ball von 2 500 Personen mit einer Pracht-Aushängung, wie man jenseits der Düna keine leise Ahnung davon haben kann – imponierte mir nicht so unermeßlich, wie's vor 10 Jahren vielleicht geschehen. Die Kaiserin allein trug Diamanten, welche 15 Millionen wert waren und ihr nachflimmerten. Alle – Großfürstinnen und gewöhnliche Menschenkinder – wie 1 000 Sonnen und Sterne, es war recht merkwürdig – aber ich blieb doch bei ganz klarer Besinnung!«

Das ist ein fast bestürzender Brief für eine Frau kurz vor dem achtunddreißigsten Geburtstag! Selbst wenn man weiß, daß sie von Jugend an kränkelte, die »alten Gefühle« stimmen bedenklich, das resignierte Zurückblicken. Das Leben hat noch viel mit ihr vor; es wird schwer werden für sie. Andererseits läßt sie sich von aller »Pracht-Aushängung« nicht blenden, sie bleibt bei »ganz klarer Besinnung«; da ist bei aller Enge auch

Johanna im Jahre 1857 jugendlich verschönt; im Leben alterte sie rasch.

das Selbstbewußtsein einer pommerschen Gutsfrau, die nichts anderes sein will als eine Frau von Bismarck und der weder Diamantenschimmer noch tönende Titel imponieren.

Immer verbinden sich mit Landschaften auch Erinnerungen an Erlebnisse, an Begegnungen und an das eigene Befinden. Die zahlreichen Krankheiten, die die Familie besonders im Winter 1862 heimsuchten, trugen nicht wenig dazu bei, gerade bei Johanna die Erinnerung an Petersburg zu überschatten. Im März 1862 schreibt Bismarck wieder einmal an seine Schwester: »Wir haben beinah keinen Tag in diesem Winter gehabt, wo alles im Hause gesund gewesen wäre ... Ich selbst bin nur gesund auf der Jagd; sowie ich hier in die Bälle und Theater gerate, erkälte ich mich, schlafe und esse nicht. Sobald die Witterung milder wird und alles reisefähig ist, schicke ich Kind und Kegel nach Reinfeld.« Und: »Wenn Klima und Kindergesundheit nicht wären, so bliebe ich zweifellos am liebsten hier.«

Vor allem eines hatte Bismarck seiner um neun Jahre jüngeren Frau voraus: die Kunst, sich wirklich entspannen zu können, während sie sich ständig in Pflicht- und Pflegeeifer verzehrte. Von Kindesbeinen an ging er auf die Jagd, und er wird es tun, solange es seine Kräfte zulassen. Auch als Bundestagsgesandter hat er nicht darauf verzichtet. Er jage »ziemlich fleißig«, berichtete er schon in den ersten Frankfurter Jahren der Schwester, wenn es auch nur Hasen und Fasanen seien, seltener ein Rehbock oder Fuchs. Ein Stück Rotwild sehe man mitunter nur in bedeutender Entfernung. Einen Brief an den Bruder konnte er im März 1856 zunächst nicht beenden, weil die Meldung kam, daß die »Schnepfe en masse eingetroffen sei. Könnte ich mir das Vorbeischießen abgewöhnen, so würde ich an dem Tage 5 erlegt haben, so wurden es nur 3.« Gern läßt er sich in

Schweden zur Jagd einladen. Im August 1857 kann er dort auf Rehböcke pirschen, die stärker sind, als er sie je gesehen hat. Bis ins Detail schildert er Johanna seine Jagderlebnisse. Einen Hirsch mit einem »colossalen Kopf« habe er erlegt, »wohl 9 bis 10 Fuß in der Luft«, schreibt er ihr. Wie ein Hase sei er gestürzt, mitleidig habe er einen weiteren Schuß auf ihn abgegeben, da er noch lebte. Doch dann sei ein noch größerer so nahe vorbeigetrabt, daß sein Jagdgehilfe hinter einen Baum floh, »und ich mußte mich begnügen, ihn freundlich anzusehen, da ich keinen Schuß mehr hatte. Diesen Kummer kann ich noch gar nicht los werden und muß ihn Dir klagen«, so im September 1857.

Offensichtlich kann man mit Johanna über Jagdprobleme reden, das gehört zu dem ihr vertrauten gutsherrlichen Lebensstil. Soll er nur jede Gelegenheit nutzen, sie weiß, daß er gestärkt aus den Wäldern zurückkehrt. Und so jagt er denn dicht am Rhein, zwischen Worms und Oppenheim oder im Berliner Grunewald. Für diese Leidenschaft nimmt Bismarck selbst das frühe Aufstehen in Kauf, wohl wissend: »Ich wäre längst krank von allen Diners und Ballsoupiers, wenn ich nicht eifrig jagte.«

Bisweilen läßt er da sogar die Arbeit warten. Eigentlich hätte er im September 1857 »schon in Berlin sein müssen, meinem Urlaub nach; dann hätte ich aber die beste Jagd, die in Dondangen, mit den großen Hirschen oder Bollen, wie sie dort sagen, aufgeben müssen und hätte nicht gesehn, wie die Achse eines Bauernwagens unter der Last des großen Tieres brach«. Und welch Ärger überkommt ihn, wenn er »wegen leidiger Geschäfte heut trotz des klaren Frühlingswetters eine Jagd absagen« mußte, »was mich bei jedem Blick auf den blauen Himmel wurmt. Dafür will ich jetzt ausreiten, daß mir der Dreck um die Ohren fliegt«.

Der Hauslehrer der Bismarckschen Söhne hat sich später erinnert: »Häufig kehrte die wehmütige Klage um Letzlingen wieder, welches nach Bismarcks Ansicht eigentlich zu seinem Besitz gehören sollte, wohin die Hohenzollern nicht ihn, sondern von Rechts wegen er die Hohenzollern einladen sollte.«

Und dabei hat Bismarck seine stärksten Jagderlebnisse noch vor sich: die Bärenjagden von Petersburg aus. Das sind – verständlicherweise – Höhepunkte seines Jägerlebens, wenn der aus dem Winterschlaf aufgestörte Bär mit offenem Rachen auf ihn zukommt, wobei der Jäger allerdings durch einen weiteren Schützen mit geladener Doppelbüchse gesichert ist. Sachte korrigierte Johanna später, nein, es wären nicht acht Bären gewesen, die er erlegt hätte, es waren nur fünf.

»Das Jägerleben ist eigentlich das dem Menschen natürliche«, so Bismarck. »Und wenn man auch nur einen Tag in den Wäldern sein kann, so bringt man doch immer merkliche Stärkung mit nach Hause.« Und: »Es geht nichts über Urwälder, in denen keine Spur von Menschenhänden zu finden ist. In Rußland gibt es deren noch viele, wahre Jägerparadiese ... In Deutschland gibt es zwar keine großen Urwälder mehr, aber doch herrliche Waldungen in Masse, wo man Erquickung und Stärkung finden kann.«

Nervenstärkung, psychische Entlastung, Freude und Selbstbestätigung findet Bismarck beim Jagen in den Wäldern. Oft fühlt man sich, wenn er engagiert und anschaulich davon erzählt, an die Stimmung des »Jägerchors« in Webers ›Freischütz‹ erinnert.

Zur geistigen Nachbereitung gehörten allerdings auch die Erzählungen. Noch im Alter, bei den Bierabenden in Friedrichsruh, tat man sich gütlich mit Jägerlatein, das besonders Bismarcks Oberförster Lange beherrschte. »Aberst nich lögen, Herr Oberförster!« pflegte da Johanna zu mahnen, worauf auf dessen Protest hin Bismarck erklärte, Lange würde nur lateinern. »Soll das etwas anderes sein?« fragte sie, und da unterschied Bismarck ebenso trefflich wie treffend: »Ja, das ist etwas anderes. Lüge ist krasse Unwahrheit, Jägerlatein Unwahrscheinlichkeit, obgleich die Möglichkeit

Seine Mühen um den Sachsenwald, der verwildert und stark mit Unterholz durchsetzt war, haben dem Oberförster Lange in Fachkreisen den Namen des »grünen Hexenmeisters« eingebracht. Außerdem erfreute er Bismarck durch gut vorgetragenes Jägerlatein.

vorliegt, es könnte sich doch, wie vorgetragen, ereignet haben. Die Möglichkeit, sage ich, und Sache persönlichen Vertrauens ist es, das Erzählte als unbedingt wahr zu nehmen, oft im Gegensatz zum Erzähler.« Dabei, so wird berichtet, wetterleuchtete es auf seinem Gesicht; »gut vorgetragenes Jägerlatein« wußte er zu schätzen.

Die »provisorische Existenz« – ein Intermezzo vor Amtsantritt

Die Dinge lagen zu Beginn der sechziger Jahre schon wieder einmal im ungewissen. Auf jeden Fall war Otto von Bismarck für ein Avancement im Gespräch. Im Mai 1862 war er zum Gesandten in Paris ernannt worden und hielt auch bereits Ausschau nach einer Wohnung am Quai d'Orsay; doch ungeachtet dessen, daß er Johanna sogar schon einen genauen Lageplan des möglichen neuen Wohnsitzes mit Grundrißskizzen und Details schickte, hatte er das Gefühl, wie er ihr aus Paris schrieb, daß sein Bleiben noch nicht gesichert sei. Deshalb hielt er sich auch mit dem Einrichten der Wohnung zurück. Zudem bezweifelte er, ob es der Paris nicht einmal abgeneigten Johanna auch gefallen werde.

»Der Franzose hat einen Fonds von Formalismus in sich, an den wir uns schwer gewöhnen«, schrieb er der Schwester. Und »la manière de poser« mache den Umgang ungemütlich. »Man wird niemals näher bekannt, und wenn man es sucht, so glauben die Leute, man will sie anpumpen oder heiraten oder gar den ehelichen Frieden stören.« Wie immer Bismarck das auch satirisch zuspitzen mochte, er glaubte bei den »civilisierten Spitzen« der Russen, der Deutschen und der Engländer eher die Fähigkeit zu sehen, die »Form« zu lüften und abzuwerfen, eben genau das zu tun, was die Atmosphäre in der Häuslichkeit der Bismarcks so anziehend machte.

Gewichtiger für ihn aber war, was er seinem damaligen Vertrauten und Fürsprecher auf höchster Ebene,

Albrecht von Roon, schrieb; er sei »ein bereitwilliger, aber nicht mutwilliger Kampfgenosse«, über »auswärtige Dinge« habe er »ziemlich bestimmte Ansichten«, und Roon möge nicht glauben, daß er sich »sträube«, er habe »im Gegenteil lebhafte Anwandlungen von dem Unternehmensgeist jenes Tieres, welches auf dem Eise tanzen geht, wenn es ihm zu wohl wird«. Roon wußte schon, was damit gemeint war und daß Bismarck, wie er zu sagen pflegte, höheres Spiel versuchen wollte. Auf definitive Entscheidungen in Bälde mußte Bismarck allerdings drängen, seine Sachen befanden sich Pfingsten 1862 noch in Petersburg und, so machte er Roon gegenüber geltend, »außerdem habe ich die Gewohnheiten eines achtbaren Familienvaters, zu denen gehört, daß man irgendwo einen festen Wohnsitz hat«. Einen Monat später, im Juli 1862, klingt es sogar noch eindringlicher: »Diese Ungewißheit, dieses ›nicht wohnen‹ kann ich auf die Länge nicht aushalten, dazu bin ich nicht Fähnrich genug.« Und Johanna gegenüber heißt es wieder mit jener ausgesuchten psychologischen Kunst, die Bismarck so überzeugend macht, weil alles *cum grano salis*, mit einem Körnchen Wahrheit, gesagt ist: »Du kannst nicht mehr Abneigung gegen die Wilhelmstr. haben als ich selbst, und wenn ich nicht überzeugt bin, daß es sein muß, so gehe ich nicht.« Etwa einenhalb Monate später beantragt er, des »Hunde-Bummel-Lebens als garçon« müde, einen sechswöchigen Urlaub aus verschiedenen Gründen, einmal, weil er ihn in der Tat nach den Gesundheitseinbrüchen in Petersburg nötig hat, zum anderen, weil er nicht in Berlin vor Anker liegen will, weil er dem König Zeit lassen will, »sich ruhig aus eigner Bewegung zu entschließen«, und weil eine spätere Berufung »als eindrucksvolles Manöver verwertet werden« kann. Vielleicht helfe ihm da seine »alte Reputation von leichtfertiger Gewalttätigkeit, und man denkt ›nanu geht's los‹«. Er ist also sehr einverstanden damit, noch einige Monate hinter dem Busch gehalten zu werden; vor dem Busch wartet Roon den rechten Moment ab, dessen kann er gewiß sein. Die innere Ruhe für eine Erholung ist also gegeben.

Nachdem Bismarck zuerst etwas planlos und einsam Bois, Bayonne und San Sebastian durchstreift hatte, erlebte er ein unvergeßliches »Stückchen Romantik in Berg, Wald, Wellen und Musik« in Biarritz, wo er fast den ganzen August 1862 über blieb. Er genoß die landschaftlich reizvolle Umgebung, nahm mit Vergnügen täglich zwei Seebäder in stürmischen Wellen und in einer ruhigen Bucht und erholte sich prächtig bei »Luft und Wasser wie Balsam«. Freudig spürte er die »alte Rüstigkeit« zurückkehren. Aber daß auch die Seele genas, dazu trug ganz wesentlich die Bekanntschaft mit dem Ehepaar Orlow bei und daß sich Bismarck in die »niedliche principesse« Katharina Orlowa, die junge Frau des russischen Fürsten Nicolai Orlow, »etwas verliebte … Du weißt, wie mir das gelegentlich zustößt«, bekannte er der Schwester, »ohne daß es Johanna Schaden tut.«

Sie verleben zu dritt glückliche Tage in Biarritz, und in der Orlowa, der Kathy oder Kathsch, wie sie bald zärtlich heißen wird, findet Bismarck natürlich auch wieder »ein Stückchen Marie Thadden«. Das beschreibt er genau seiner Johanna: »Seit Orlows hier sind, fehlt es mir auch nicht an Umgang. Ihn kennst Du, und sie würde Dir ebenso gefallen, ganz Deine Abneigung gegen Hof und Salon, wie ein pommersches Fräulein mit grade genug Anflug der großen Welt.« Heiter läßt er sich von der Orlowa ein »monstre sans entrailles« nennen, weil er den Hochzeitstag mit Johanna vergessen hat. Und Johanna toleriert großzügig seine gelegentliche Zuneigung für andere attraktive Frauen, im wesentlichen seiner ganz sicher. Warum soll er nicht ab und zu

Im Sommer 1862, vor Amtsantritt, begegnete Bismarck dem russischen Fürsten Nicolai Orlow und seiner charmanten Frau Katharina in Biarritz. Zu dritt erleben sie in heiterer Gelöstheit Sommer, Sonne und Meer; Bismarck verliebt sich in die »niedliche principesse« und gesundet wieder an Körper und Seele.

auf andere mit einer ganz unverbindlichen Verliebtheit reagieren? Es ist anregender für sein Gemüt als ein Monat zuvor der grämliche und mißgestimmte Bericht aus Trouville an seine Frau: »Eine sehr hübsche Gräfin Pourtalès ist hier, aber ich bin so gelangweilt, daß ich mich nicht einmal in sie zu verlieben vermag.« Nun, in Biarritz bei der Kathsch, die ihm zudem noch des Abends auf dem Klavier vorspielt, da gelingt ihm das über alle Maßen. Da erliegt er geradezu ihrem heiteren Zauber, fühlt sich unbeschwert und ist dennoch im tiefsten gebunden. Wenn er sich nur recht erholt, wünscht Johanna ihrem Otto.

Zauber sind oft unwiederbringlich. Die Landschaft bleibt, eine Verabredung für erneute Begegnungen kann eingehalten werden, aber die Menschen verändern sich in Verhältnissen, die die Leichtigkeit beschweren können.

So war es auch, als Bismarck die harmonischen Tage von Biarritz mit den Orlows wiederholen wollte. Nie wieder geriet es so ungetrübt wie einst, als er noch ganz ohne Verantwortung nur seiner Gesundung leben konnte. Während seines Besuches im Oktober 1864 belastete ihn die geschwächte Gesundheit Johannas, die er im September in Reinfeld leidender als vermutet vorgefunden hatte; ihr Nervensystem war angegriffen, »ein ganzes Arsenal von Elend«, dazu fand er sie voller »Verzagtheit«. Dies alles lag in Biarritz auf dem Grunde seiner Seele, und da half es auch wenig, daß die Kathsch, wie einst, Beethoven spielte und »lustig wie ein Student« war. Auch bei ihm hatte inzwischen »die üble Gewohnheit des Arbeitens ... schon so tiefe Wurzeln« geschlagen, daß er »einige Gewissensunruhe« über sein Nichtstun fühlte. Als er aber noch ein drittes Mal vorhatte, gemeinsam mit Johanna Biarritz zu besuchen, da machten unerläßliche Rücksichtnahmen auf ihre herausgehobene Stellung alle Unbefangenheit schon im voraus zunichte, denn da mußte er seiner Johanna im August 1865 beibringen: »Wenn aus Biarritz etwas wird und Du mitgehst, so kann Dein Diener zwar zurückbleiben ... ohne Jungfer aber geht es absolut nicht, auch nicht ohne Toilette, denn da Du das Unglück hast, meine Frau zu sein, so werden die Zeitungen sich Deiner und Deines äußerlichen Auftretens auch gelegentlich annehmen. Das ist das Elend dieser Stellung, daß jede Freiheit des Privatlebens aufhört, und deshalb mahne ich auch, daß Du in Homburg keine Sparsamkeiten übst, die für die Preuß. Ministerpräsidentin außerhalb der Linie liegen könnten, die Dir das Publikum nicht nach Deinem Geschmack oder Vermögen, sondern nach Deinem Range unerbittlich vorzeichnet. Wir sind leider gezwungen, 1 000 Rthlr. weniger anzusehn als die Kritik des äußern Erscheinens, und die Rolle bescheidener Hausfrauen vom Lande ist Dir nicht mehr gestattet, wenigstens im Bade nicht.«

Ein Privatissimum für Johanna, es scheint nicht viel genutzt zu haben, »durchaus nicht Kleider-produktiv«, wie sie sich nannte. Die ihr wohlgesonnene Freifrau von Spitzemberg wird später, keineswegs bösen Blickes, einmal feststellen: »Fürst und Fürstin gehen morgen zum Hofdiner, ein großes Ereignis; ich möchte nur den alten Lappen sehen, den die teure Frau aus ihrem Kleiderspinte hervorsucht und seelenvergnügt antut!«

»Nanu geht's los«

Aber vorerst stand anderes an als Kleider- und Auftrittssorgen. Otto von Bismarck ging schweren Zeiten entgegen und mit ihm seine ohnehin überforderte Johanna. Am 24. September 1862 war er zum interimistischen Minister ernannt worden, was nur der Auftakt zur Ministerpräsidentschaft und zur späteren Übernahme auch des Auswärtigen war. Von da an wird alles anders. Da kann er sich nicht einmal mehr Zeit nehmen, um Johanna wie bisher behutsam auf die neue Situation vorzubereiten, fühlt er sich doch »umlagert von Geschäften jeglicher Art«. Die Briefe an sie werden kürzer, er scheint selbst der Ermutigung bedürftig, denn, so schreibt er ihr am 24. September 1862, »ich erschrecke jedesmal, ... wenn ich des Morgens erwache. Aber es muß sein.« So kann er sie nur bitten, zur Verabredung »des wirklichen Einzugs mit Kind und Kegel« nach Berlin zu kommen: »... ergib Dich in Gottes Schickung, leicht ist die Sache mir ohnehin nicht.«

Ernste, fast bange Stimmungen an entscheidenden Lebensabschnitten, das ist charakteristisch für Bismarcks Wesen, nie ist er da leichten Sinnes und schon gar nicht triumphierend. Besinnlich wird er, Gottes Beistand geradezu suchend, wie es an Johanna aus Berlin am 1. Oktober 1862 heißt: »Gott der Herr hat mich noch in keiner unerwarteten und ungesuchten Lage verlassen, und mein Vertrauen steht fest, daß Er mich auch auf dieser Stelle nicht wird zu Schanden werden lassen, auch an Gesundheit nicht.« Sie möge kommen

Bismarck, noch sichtlich angegriffen von der vorhergegangenen schweren Krankheit, am Vorabend seiner Laufbahn als preußischer Ministerpräsident.

und in Berlin mit ihm alles bereden, und so verabschiedet er sich mit den Worten: »Leb wohl, mein Herz, und zage nicht.«

Johanna scheint es zu spüren, daß in dieser Situation ihr sonstiges Wehklagen bei Veränderungen unangebracht ist, denn ihr Mann ist keineswegs hochgestimmt und fühlt sich etwas vereinsamt, obwohl er nie allein ist. Und das »Leben auf dem Präsentierteller ist etwas unbehaglich« für ihn.

Aber auch wenn die Wellen der Geschäfte über ihm zusammenschlagen, für eines hat er immer Zeit: für die Jagd. Da geht es von Magdeburg aus mit S.Majestät »nach Letzlingen, drei schöne Tage im Wald und Jagd, und dann wieder in die Tretmühle«. Und bei Letzlingen fällt ihm immer wieder ein, daß es eigentlich zum Besitz der Bismarcks gehören sollte, »wohin die Hohenzollern nicht ihn, sondern wohin von Rechts wegen er die Hohenzollern einladen sollte«.

Und weil Johanna ohnehin mit dem Umzug beschäftigt ist, muß es die Schwester erfahren, daß er in Letzlingen »1 Hirsch, 1 Sau, 4 Schaufler, 5 Spießer, 4 St. Damwild« schoß, das erscheint ihm wichtig. Und vielleicht war es auch wichtig, daß er an einem Tage, an dem er über die wachsende Arbeitslast klagt, dennoch eine halbe Stunde »Galopp im Regen« reitet, denn er fühlt sich bei alledem »gesund«, hat »guten Schlaf« und »starken Durst!«

Nun sind sie schon fünfzehn Jahre lang verheiratet, Otto und Johanna von Bismarck, und überall, wo sie wohnten, haben sie versucht, ihren vertrauten pommerschen Lebensstil zu bewahren. Offensichtlich hat Bismarck doch recht behalten, als er einst gegenüber seinem Bruder Bernhard meinte, Johanna sei »facile à vivre«, wie er nie ein Frauenzimmer gekannt habe. Natürlich verbindet beide auch das Verhältnis zu ihren drei

Kindern, die Sorge um ihr körperliches, geistiges und seelisches Wohl. Nie vergißt der häufig abwesende Bismarck die freundlich-einfühlsamen Geburtstagsbriefe an sie. Aber er spart auch nicht mit Kritik, wenn es ihm vonnöten erscheint. So ermahnte er schon aus Petersburg Johanna: »Die Kinder haben mir heut sehr nett geschrieben, danke ihnen dafür und sage ihnen, daß sie ihre Briefe, bevor sie abgehn, sorgfältig durchlesen sollen, damit sie gewahr werden, wo sie Worte ausgelassen und gewindbeutelt haben, und dann von sich aus corrigieren. Soviel Zeit muß man sich nehmen.«

Immer war er es, der sich mit Bedacht um eine geeignete Wohnung für die Familie kümmern mußte, er erledigte auch umsichtig die vielen Besorgungen – die »Commissionen« –, mit denen er beauftragt wurde. Vom praktischen Lebensablauf verstand er etwas, speziell von der pommerschen Küche, nach der Johanna aufs beste kochte.

Und dennoch: Der Abstand zwischen ihnen wird größer. Während Johanna ganz aufgeht in ihrer Mutterrolle und ihrem Pflegeeifer für die Familie, während sie sich bemüht, im kleinen Kreis freundlich ihren Gästen alle nur mögliche Gastfreundschaft zu bieten, führt das »Gewerbe«, wie er es oft nennt, ihren Mann in weitere Dimensionen. Schon in Frankfurt hatte er wahrgenommen, daß die Politik da anders aussah, als von der pommerschen Ackerfurche aus betrachtet. Wie erst von Berlin und von seinem hohen Amte her, zumal er politische Absichten verfolgte! Die Rolle Preußens wollte er stärken gegenüber der österreichischen Dominanz, und die in der Revolution von 1848 mißlungene nationale Einheit schien ihm von oben her möglich zu sein, wobei er immer mehr erkannte, daß es ohne kriegerische Auseinandersetzungen nicht abgehen werde. Diese »Gedankenschwere« belastete ihn.

Aus dem Kladderadatsch *von 1879: drei Bismarckköpfe.*

Nicht verwunderlich, daß er im häuslichen Kreis vor allem Entlastung und Entspannung suchte. Die Besucher haben es immer wieder bestätigt: Beim Familiendiner um fünf Uhr des Nachmittags sprach man nicht von Politik. Da war man ganz *entre nous* und dennoch, wie ein Hauslehrer aus den Jahren 1860 bis 1866 erzählte, »sehr sehr selten allein bei Tische«, und das Gespräch bewegte sich in jenem leichten und oft heiteren Plauderton, den Bismarck so meisterhaft beherrschte und der nach dem Urteil eines französischen Journalisten wie »ein Hauch französischer Eleganz die pommersche Einfachheit durchtränkt« habe. Von seinem damaligen Tagesrhythmus mußten Bismarck später die Ärzte mit einiger Mühe abbringen. Er schlief lange bis in den hellen Tag hinein, dann wurde opulent gefrühstückt, am Nachmittag befaßte er sich mit Politik, die *en famille* grundsätzlich nicht vorkam. Das sei die einzige Stunde bei Tag und bei Nacht, wo er sich selber ein wenig gehöre, meinte Bismarck, der abends gegen 11 Uhr und sogar noch nach Mitternacht dienstlich Gäste empfing. Dann würde er arbeiten, bis die Sonne seine Lampe auslösche.

So kam es, daß die ohnehin politisch nicht interessierte Johanna kaum etwas von ihrem Mann erfuhr. Da aber von dieser Seite viel Ärger und Aufregungen für ihr »Bismärckchen« kamen, war sie geradezu giftig auf Politisches und hielt ihren Mann für viel zu gut für solch ein übles Geschäft. So wußte die treusorgende Gattin meist weit weniger als die sonstige politische Welt vom Geschehen, das von ihrem Hause aus so viele Impulse bekam.

Lebenskrisen
1866 und 1870

Drei Kriege hat sie an der Seite ihres Mannes miterlebt. Relativ unberührt ließ sie der deutsch-dänische von 1864, er brachte in ihre Familie wenig Veränderung. Aus gutem Grund verschwieg ihr Bismarck die äußerst kritische Konfliktsituation, in die er bei Ausbruch des Krieges mit Österreich im Jahre 1866 geriet. Vom dritten der Kriege auf dem Wege zur Reichseinigung, dem mit Frankreich, aber war Johanna dann so betroffen, daß die Belastungen ihre Nervenkraft überforderten.

Absichtsvoll hatte Bismarck den dänischen Krieg inszeniert, um Schleswig-Holstein an Preußen anzuschließen, aber auch um ein latentes Konfliktpotential gegen Österreich bei Gelegenheit ausnutzen zu können. So war es keinesfalls zufällig, sondern lag in seiner politischen Regie, wenn sich die Verhältnisse mit der Donaumonarchie, mit der man gegen Dänemark noch gemeinsam vorgegangen war, krisenhaft zuspitzten. Schon am 18. Juli 1865 hatte Bismarck an Moritz von Blankenburg geschrieben, daß sich in Wien Gewicht an Gewicht hängen werde bis zum vollen Bruch. Dann schon lieber Krieg, der »bei einer solchen österreichischen Politik doch nur eine Zeitfrage bleibt«.

In angespannter Situation erreichten Bismarck im Dezember 1865 politisch-religiöse Ermahnungen seitens seiner einstigen pietistischen Freunde und Förderer. Vorgebracht wurden sie von Andrae-Roman, der ihm mangelnde Gläubigkeit und fehlenden Kirchenbesuch vorwarf. Bismarck reagierte sehr empfindlich, wissend, daß ihm diese Seite damit die Zustimmung zu seiner Politik aufkündigte.

Im Königshause intrigierten einflußreiche Kreise gegen seinen politischen Kurs, zu denen nicht zuletzt seine Intimfeindin, die Königin Augusta, gehörte. Alle diese äußeren wie inneren Spannungen müssen in diesem Zusammenhang zumindest angedeutet werden, um ein bestürzendes persönliches Vorhaben Bismarcks zu erklären, das allerdings unwiderrufliche Folgen gehabt hätte; Johanna ahnte nicht das geringste davon.

Am 15. Juni 1866 sei es gewesen, so der englische Botschafter Graf Loftus, daß Bismarck um Mitternacht die Uhr gezogen und gesagt habe, daß in dieser Stunde die preußischen Truppen in Hannover, Sachsen und Hessen-Kassel einmarschierten, also in Gebiete der bisherigen österreichischen Verbündeten. Und dann seien die Worte gefallen: »Der Kampf wird ernst werden. Es kann sein, daß Preußen verliert ... Wenn wir geschlagen werden ... werde ich nicht hierher zurückkehren. Ich werde bei der letzten Attacke fallen. Man kann nur einmal sterben; und wenn man besiegt wird, ist's besser zu sterben.«

Solche inhaltsschweren Äußerungen gegenüber einem ausländischen Botschafter lassen allerdings aufmerken, um so mehr, als sie von Keudell bestätigt werden, der mit Bismarck nach der Schlacht bei Königgrätz am 3. Juli 1866 über das Schlachtfeld ritt, wo man schaudernd grausig entstellte Leichen sah. »Wenn ich daran denke, daß künftig einmal Herbert auch so daliegen könnte, da wird mir doch schlecht«, habe Bismarck geäußert, der an diesem Tage vom Flügeladjutanten Freiherrn von Steinäcker vernahm: »Exzellenz, jetzt sind Sie ein großer Mann. Wenn der Kronprinz zu spät kam, wären Sie der größte Bösewicht.« Dazu habe Bismarck später manchmal ernsthaft geäußert, daß er sich bei unglücklichem Ausgang der Schlacht einer Kavallerieattacke angeschlossen und den Tod gesucht hätte. Ein dritter Kronzeuge dafür ist Abeken, Mitarbeiter Bismarcks im Auswärtigen Amt. Ihm gegenüber hat Bismarck sogar seine nach seiner Heirat veränderte Lebensauffassung hervorgehoben. Früher habe er sein Leben wenig geachtet und es ohne alle Ursache aufs Spiel gesetzt. Dann sei er vorsichtig geworden und habe nur da die Gefahr nicht mehr gescheut, »wo ein Beruf, Pflicht oder wenigstens ein dringender Anlaß« es verlangt habe. Aber er habe sehr bestimmt erklärt, daß er eine Niederlage Preußens wie die jetzige Österreichs nicht überlebt hätte. Aus einer vor Berlin verlorenen Schlacht wäre er nicht zurückgekehrt. So Abeken an seine Frau in einem Privatbrief, in dem politische Rücksichten in der Regel entfallen.

Bismarcks bewegtes Leben sollte noch überreich werden an politischer Unruhe und Aufregung. Er konnte aufbrausen vor Zorn und kannte Reizzustände in Fülle, zorniges Türenschlagen in Momenten nervlicher Hochspannung und verzweifelte Weinkrämpfe waren nicht selten, angestauter Groll entlud sich oft explosiv und ging nach nervösen Erschöpfungen vorüber; nie aber war die Grenze des für Bismarck Erträglichen so genau gezogen wie im Jahre 1866.

Das war nicht einmal im letzten seiner Kriege um die nationale Einheit, dem mit Frankreich von 1870/71, der Fall. Da traf es vor allem Johanna, die sich maßlos überanstrengte und verausgabte. Bismarck aber, seinem politischen Ziele nahe, verhielt sich bei allen Aufregungen, Meinungskollisionen und unausweichlichen familiären Ängsten gefaßter. Er gewann Kraft im Agieren, sie erschöpfte sich im Bangen, in rastlosem Pflegeeifer, aber auch in nervös-überhitzten Haßtiraden.

Fast immer bedurfte jemand in der Familie ihrer Hilfe, und so war Johanna eigentlich stets im Dienst. Schon im Dezember 1869 pflegte sie ihren Herbert, der bei einer Mensur in Bonn eine so schwere Kopfverletzung erlitten hatte, daß sich dazu noch eine Kopfrose einstellte. Auch Bismarck war voller Unruhe und sah in einem von ihm angeforderten ärztlichen Telegramm »eine Menge von verborgenen Stacheln und Haken, die im Dunkel der Nacht zu abenteuerlichen Marterinstrumenten« anschwollen. Wenn er bei dieser Gelegenheit seiner Johanna versicherte, daß er sie, »ohne Scherz gesagt«, für »eine tapfere und gottergebne Frau« halte, »indessen doch mehr, wenn das Unglück da ist, als wenn die Furcht noch freien Spielraum in der Phantasie hat«, so sollte gerade dieser freie Spielraum in der Zeit, als Johanna nicht nur ihren Mann, sondern auch beide Söhne im Kriege in Gefahr wußte, übervoll mit Sorgen und Schreckensszenarien ausgefüllt werden.

Und es kam auch arg. Vorsorglich hatte Bismarck schon im August 1870 Herbert dringend gebeten: »Wird einer von Euch blessiert, so telegraphiert mir nach des Königs Hauptquartier so schnell es geht, Eurer Mutter aber nicht vorher.« Schon in der ersten Stunde der Schlacht bei Mars-la-Tour war Herbert schwer verwundet worden. Bismarck mochte beruhigend an Johanna telegraphieren, ihre Vorstellungskraft hatte Nahrung genug für schlimme Befürchtungen. Er selbst hatte am Abend der Schlacht von einer Ordonnanz erfahren, sein ältester Sohn sei tot, Wilhelm schwer verwundet, und war daraufhin, ohne sich abzumelden, »en pleine carrière« zu den Gardedragonern davongepreschen. Glücklicherweise hatte seinen Sohn Herbert eine goldene Uhr mit Holzkapsel das Leben gerettet, der Schuß war auf diese getroffen, und Herbert war bewußtlos vom Pferde gefallen. Bills Pferd war erschossen worden, er selbst »Kopphoister« gegangen, hatte dann aber unter dem schützenden Schild des Pferdes eines Gefallenen noch einen Dragoner im Gewehrfeuer der anstürmenden Franzosen retten können.

Alles lief wieder darauf hinaus, daß Johanna ihren verwundeten Sohn Herbert pflegen mußte. Wie sehr auch Bismarcks Vaterherz gezittert hatte, das konnte er seiner Frau in diesen Wochen gar nicht anvertrauen. Aber einmal entrang es sich ihm: »Es ist eine große Sache, aus jener Dragonerschlacht zwei gesunde Söhne mit allen 4 Gliedmaßen übrig zu behalten, und wenn ich an Bonn und Mars-la-Tour denke, so lasse ich in der Hoffnung, sie beide nach dem Kriege gesund wiederzusehn, kein andres Gefühl als heißen Dank gegen Gott in mir aufkommen; dazu habe ich zu viel 1 000 Leichen und Krüppel gesehn, und zu viel Heldenmut bewundert, der in unerkannter Bescheidenheit dem Tod und der Vergessenheit verfiel.«

Johanna aber machte ihm im Juli 1870 Sorgen. Sie war von nervösen Kopfschmerzen geplagt und durch Nachtwachen und Ängste geschwächt. Aus dieser Überforderung heraus und weil sie, die Unpolitische, so sehr betroffen war von politischen Ereignissen, die sie letztlich nicht verstand, geriet sie in Reizzustände, in denen sie furiose chauvinistische Attacken ritt.

Da ist von der »Höllenbrut von Franzosen« die Rede, »die ich so verfluche, wie desgl. noch nie ausgedacht worden!« Paris gehört zu ihren »größten Schrecknissen«, weil sie in »händeringender Angst war, daß man Euch dort noch einen furchtbar schweren Stand bereiten wird«, so im September 1870. In einem »durch und durch verdammten Land« sieht sie ihre »Geliebten« und will als fromme Frau auch noch »Gottes Engel ... zu Legionen« bemühen, die dann »den geliebten Papa« und »den König und unsere prächtigen Soldaten« umschweben mögen. Auf eine völlige »Franzosen-Vernichtung«

zu »unserem köstlichsten Ruhm« steuert Johanna wutentbrannt los, denn sie hätte sich zwar schon viel »abgeängstigt«, »diese Zeit ist aber die allerschlimmste«.

Was aber sagt ihr Mann, wenn Johanna so wütet? Höflich befragt, wie sich die »Frau Gräfin« befinde, antwortet er: »O, der geht es ganz gut jetzt, wo es mit dem Sohne wieder besser steht. Nur leidet sie immer noch an ihrem grimmigen Hasse gegen die Gallier« und erzählt einer ihrer schlimmsten Ausbrüche gleich selbst. Das bedeutet nichts anderes, als daß er sie nicht ernst nahm. In der Regel war er beunruhigt, wenn er sie verzagt erlebte, weniger, wenn sie »Wutpfeile ... sprühte«, mit denen sie grundsätzlich alle, die ihrem geliebten Manne zu schaffen machten, »an die Mauern nageln könnte«.

Johanna, die »unpolitische Creatur«? Durchaus; wer immer, von welcher Warte auch aus und ob grob- oder feinkörnig, sich um Politisches bemüht, wird kaum zu solch überreizt-undifferenzierten und lediglich emotional gesteuerten Ausbrüchen fähig sein. Das eben birgt wie eh und je Gefahren, wenn die Gefühle den Verstand beherrschen und die Vernunft geradezu überspülen. Höchst bedenklich können sie werden, die bedenkenlosen politischen Reaktionen der Unpolitischen.

Bismarck kannte derlei und nahm manches amüsiert wahr; im übrigen ging es doch später dem »alten nichtswürdigen Berlin«, wo das »Schrecklichste der Schrecken, der dämliche Reichstag« ist, nicht viel besser, und auch die Zeitungen, die sie »nie lese« – so Johanna –, bekommen ihr Fett weg wie diejenigen, die ihren Otto »ununterbrochen ... höhern Orts« ärgern. Sie schreckt, wenn sie wütend ist, auch vor Majestätsbeleidigungen nicht zurück und meint schließlich sogar, ihre »stete Atemlosigkeit«, ihr Asthma, käme gewiß von all dem Gift, das in ihr sitze und immer unterdrückt werden müsse.

Sie erschöpfte sich in so vielen Aufregungen, daß sie 1871 monatelang erkrankte. Weder erschien sie bei den Abgeordneten-Soireen im Winter 1871/72 noch bei den Diners, die Bismarck im kleinen Kreis gab, ihrer eigentlichen Domäne. Ihr Mann nannte sie im höchsten Grade angegriffen und hatte recht behalten, wenn er schon Anfang Januar 1871 befürchtete: »Du sorgst und grämst Dich krank, was nachkommen wird, wenn die Spannung vorbei.«

Er aber konnte ihr im Februar 1871 versichern, daß er bei viel Arbeit gesund sei und daß er mit Herbert »4 Stunden lang« geritten sei »und seit Wochen nur einen Tag verärgert und unwohl gewesen«.

Freilich klingen im Juli des gleichen Jahres die Dinge in Briefen an seine Geschwister schon wieder anders. So vertraut er dem Bruder an, daß seine »amtliche Stellung bei allem äußern Glanze dornenvoller« ist, als andere wissen, und seine »körperliche Fähigkeit, alle die Galle zu verdauen, die mir das Leben hinter den Coulissen ins Blut treibt«, nahezu erschöpft, seine »Arbeitskraft den Ansprüchen nicht mehr gewachsen«.

Hoffnung sieht er im häuslichen Refugium. Wenn ihm die »friedliche Wohlfahrt im Hause« erhalten bleibe, »das geistige und körperliche Gedeihen der Kinder«, wie er »zu Gott hoffe«, so »sind alle andern Sorgen leicht und alle Klagen frivol«.

Mit dem Gedanken, daß jeder Tag der letzte sein kann, vermag er sich nicht vertraut zu machen. Eindeutig steht es am 23. Juli 1871 im Brief an den Bruder geschrieben: »Ich lebe gern.«

Varzin,
der »heimatlichste Aufenthalt«

Wie die Baronin von Spitzemberg von Bismarck an seinem Geburtstag am 1. April 1885 erfuhr, sei als königliche Dotation nach dem erfolgreichen Krieg gegen Österreich im Jahre 1866 der Rückkauf des Stammgutes Schönhausen im Gespräch gewesen. Des hohen Preises wegen hätte er aber eine Geldsumme vorgezogen, von der er sich dann den Herrschaftssitz Varzin im Hinterpommerschen gekauft habe.

Schon der erste Sommer, den er dort verlebte, entlockte ihm, wie sein juristischer Ratgeber von Wilmowski bezeugte, die Äußerung, am liebsten ginge er gar nicht wieder aus Varzin heraus, was sogar sein Bruder Bernhard bedenklich fand.

Wenn sich Bismarck für etwas begeisterte, dann hatte dies immer auch mit der Landschaft zu tun, für Architektur war sein Auge wenig empfänglich. Hier in Varzin aber fand er geradezu seinen landschaftlichen Idealtyp vor, an dem er künftig alle anderen Gegenden maß. Da der Sturmwind der Zeiten inzwischen darüber hinweggegangen ist, mögen Schilderungen von Zeitgenossen, die Bismarck dort besuchten, einen Eindruck vermitteln. Der Geheimrat Tiedemann jedenfalls, der Bismarck dort im September 1876 aufsuchte, war bereits auf der 26 Kilometer langen Fahrt von Schlawe nach Varzin sehr angetan von der Gegend und wie sein Begleiter Hohenlohe »nicht wenig überrascht durch die landschaftlichen Schönheiten Hinterpommerns, wo bewaldete Hügel und Täler sich malerisch abwechseln und wo es Ausblicke gibt, die an Thüringen erinnern«.

Gleich am nächsten Morgen schaute sich der Besucher den hinter dem Schloß gelegenen schönen Park an, der »terrassenförmig ansteigt und auf seiner höchsten Höhe von einem kleinen Tempel gekrönt wird. Uralte Buchen, Linden, Rüstern, bilden die Kulissen.« Als er dann dem von seinen Hunden begleiteten Bismarck begegnete, zeigte der ihm sogleich die Baumschulen; denn eines ist bezeichnend für ihn – man wird es auch in Friedrichsruh wiederfinden: Sobald er sich kundig gemacht hat über seinen Besitz, beginnt er mit dessen forstmäßiger Um- und Neugestaltung. Ganz offensichtlich ist Bismarck weit mehr am Wald als an der Landwirtschaft gelegen, daher rühren auch seine vielen Kontakte mit Forstleuten. Die Bodenverhältnisse in Varzin seien vorwiegend geringwertig gewesen, erläuterte er einmal einem ihn besuchenden Oberförster. Auf einer alten Karte, die er in Schönhausen besitze, sei die Gegend zwischen Köslin und der polnischen Grenze als »Wüste« bezeichnet worden. Nach und nach sei Wald darauf geworden, und er würde daran weiterarbeiten durch erfolgreiche Anbauversuche mit Kiefern und großflächige Aufforstungen. Sachkundig ging ihm in Varzin der Oberförster Westphal zur Hand.

Bismarck war so fasziniert von der Gegend, daß ihn manchmal neben der Lust an der Landschaft auch die Gier nach deren Besitz überfiel. Das gestand er seinem alten Studienfreund, dem Grafen Keyserling, der ihn im Oktober 1868 in Varzin besuchte, angesichts der Nachbargüter: »An jedem Abend bekäme er einen Heißhunger nach dem Annektieren dieser Güter, am Morgen könne er sie ruhig betrachten.« Das erinnert an eine Äußerung aus späteren Jahren: »Wenn ein Nachbar mit einer Koppel in das Meinige hineinragt, und es steht

Wie immer man Varzin beurteilen mag, es war ursprünglich als pommerscher Landsitz gebaut und später dann von Bismarck durch Anbauten zusätzlich verbaut. Aber es war nach seinem ganzen Zuschnitt ein wirkliches Schloß, während Friedrichsruh eben ein für die Bedürfnisse der Familie Bismarck umgebautes Gasthaus der zweiten Jahrhunderthälfte war.

Im Parke von Varzin.

Hier wurde im Kladderadatsch schon etwas Richtiges erfaßt, nämlich Bismarcks Verwachsensein mit dem Wald, mit den Bäumen und den Tieren des Waldes.

eine hübsche Baumgruppe darauf und sie soll niedergeschlagen werden, da muß ich die Koppel haben.« Manchmal bezahlte er bei solchen Käufen sogar zu teuer. Aber im Gegensatz zu seinen Söhnen, die an die »Mehrung seines Kapitalbesitzes« dachten, war Bismarck an der »Abrundung und Verbesserung seiner Güter« gelegen. Hier traf überkommenes feudales Empfinden bereits auf das einer Generation in einer anderen Zeit.

Natürlich wurde auch zur Verbesserung der Wohnbehaglichkeit in Varzin einiges getan; so entstand im Sommer 1873 ein Anbau zum Schloß. Maximilian Harden hat dies so beschrieben, daß man Bismarcks Geschmacksrichtung wiedererkennt: »In Varzin ist alles still, der große Park, die alten Karpfenteiche gemahnen an eine schlummernde Märchenwelt, und selten nur durchbricht das fidele Toben der Dorfjugend ... den tiefen Frieden dieses echt pommerschen Herrnsitzes. Die ganze Einrichtung des alten Hauses, an das ein moderner Neubau fast kokett sich anlehnt, ist massiv und gediegen: breite Betten, schwere Schränke, mächtige Tische, Sofas und Stühle, die einem Riesengeschlecht auf den Leib gemessen sind. Keine Spur von dem üppigen Luxus des neuberlinischen Protzertums, aber jede erdenkliche Bequemlichkeit und ein zwangloser Verkehr, wie bei einem englischen Country-Gentleman.«

Alles war dazu angetan, Otto von Bismarck nötige Entspannung von der Mühsal der Politik zu geben. Nie fühlte er sich einsam in den Wäldern, in denen er auf schmalen Seitenwegen »depeschensichere Plätze« fand; »da war ich gegen alle Beunruhigungen der hohen Politik geschützt und konnte ungestört an meine Forstkulturen denken«. Doch nicht nur diese hatte er im Sinn; im Wald fand er auch Muße, sich Politisches zu überlegen; alle wesentlichen Entschlüsse habe er im Wald ge-

Maximilian Harden hat die Zimmereinrichtung im alten Haus in Varzin als »massiv und gediegen« beschrieben. Er nennt »schwere Schränke, mächtige Tische, Sofas und Stühle, die einem Riesengeschlecht auf den Leib gemessen sind. Keine Spur von dem üppigen Luxus des neuberlinischen Protzertums, aber jede erdenkliche Bequemlichkeit«.

Der Reichs-Vakanzler.

Varziner Schreckensruf: Der Briefträger kommt!

Die oft erstaunlich lange Abwesenheit Bismarcks von seinem Amte mußte im Kladderadatsch *den Spott über den Reichs-Vakanzler hervorrufen, der sich vor dem anrollenden Postberg fürchtet.*

faßt, bekannte er einmal. Vermutlich konnte er hier auch prägnante Sätze und Worte gedanklich vorformulieren.

Aber er lebte, wie er selbst einmal sagte, nicht als Ein- sondern als »Zweisiedler«. Und wie stand es mit seiner Johanna? Zunächst fiel ihr die absolute Einsamkeit Varzins auf die Nerven, meinte die Baronin von Spitzemberg, die dabei allerdings außer acht ließ, daß es vor allem die »doktorlose Einsamkeit« war, die Johanna beunruhigte. Gelegentlich bekam die Familie wohl auch die Kündigung eines Dienstmädchens mit der von Bismarck bewußt präzis wiedergegebenen Begründung: »An allem kann ich mir gewöhnen, nur an dem Einsamen nicht.«

Aber wenn es der »heimatlichste« Aufenthalt ihres Mannes war, dann gab sich Johanna wirklich alle Mühe um Gemeinsames. Und als sie dann im September 1871 mit Friedrichsruh vergleichen konnte, da zog sie Varzin dem »Sachsenwäldchen« doch vor.

Wie sollte sie nicht, wenn Bismarck sich im Hinterpommerschen meist so gut erholte, weil er – so auch im Dezember 1873 – »sich an kein Wetter kehrt, sondern von früh bis spät draußen ist, nur jammert, daß seine Wonnen bald zu Ende gehen«. Immer ist sein Wohlbefinden das Entscheidende für sie, und beide wissen, daß »das Draußensein die ... hilfreichste Medizin« für ihn ist. Otto von Bismarck war eben nicht nur krank, so sehr die Anfälligkeiten im Laufe der Zeit zunahmen, er verstand es, mitunter erstaunlich lange Pausen zu machen, um Kräfte zu sammeln. Das erfährt man von eben der Johanna, die voller Überängstlichkeit nun wirklich jede schlecht durchschlafene Nacht und jedes Unwohlsein klagend registriert. Wie sonst hätte er sein respektables Alter erreichen können. Daß die Erholung in Berlin immer rasch wieder aufgebraucht war und neuen

Beschwernissen wich, war Johannas Kummer und steigerte ihren Zorn auf die mit vielen schlimmen Namen belegte »nichtswürdige« Stadt. Und sie konnte nicht begreifen, daß ihre Tochter Marie trotz Herberts Schilderungen einer großen Hitze mit »Staub in allen Straßen« im August 1872 sich unglaublich auf den »alten Steinhaufen« freute, »in dem sie mit Vorliebe gleich und immer bliebe. Unfaßlich!«

Dabei war es in der kalten Jahreszeit keineswegs so behaglich in den ländlichen Gutshäusern, deren Korridore empfindlich auskühlten. Kaum daß Bismarck in Varzin angelangt war, holte er sich in der Regel eine Erkältung, mit der er Unachtsamkeiten beim Wechsel in ein etwas rauheres Klima bezahlen mußte. Immer meinte Johanna, daß sie als »durchgemaserte, abgehärtete Creatur« dieses Wohnen unten, Schlafen oben und durch kalte Flure hinauf- und hinuntergehen besser vertrüge als »so vor Erkältung gehütete, leicht transpirierende, äußerst empfindliche Papachens«, wie sie dem Sohne Wilhelm schreibt. Und während sie sich ständig um ihn ängstigte, ging es mit ihrer eigenen Gesundheit immer mehr bergab. Sie starb am 27. November 1894 in Varzin, nachdem sie noch zehn Tage zuvor an ihren Sohn Bill geschrieben hatte: »Der Abschied von meinem geliebten Varzin wird mir so schwer, wie ich's Dir nimmer beschreiben kann. Hier ist's so urgemütlich, wie es in Friedrichsruh nie gewesen ist, und wäre nicht Eure Nähe …, so ginge ich nie von hier fort.«

Friedrichsruh und das »Sachsenwäldchen«

Mitunter war es für Bismarcks Amt doch recht problematisch, wenn er sich »menschenmüde« in seine hinterpommerschen Wälder zurückzog. Sein Ruhebedürfnis ließ sich bisweilen schwer mit den Arbeitserfordernissen des hohen Amtes verbinden. Und Varzin war nach den damaligen Verkehrsverhältnissen eben doch recht abgelegen und forderte den Besuchern bei dienstlichen Belangen einiges ab. Wie Johanna nach dem für sie allein gültigen Kriterium – anstrengend oder nicht anstrengend für ihren Mann – gelegentlich fürsorglich ihr »Ottochen« entlastete, dürfte Seltenheitswert haben. Sie beschrieb es am 25. September 1882 einer Bekannten, wie sie es mit dem Grafen Münster gehalten habe, dem Botschafter in England, der zu einer Zeit kam, in der Bismarck erkrankt war und kaum sprechen konnte. Eifrig bemüht, zu seiner Schonung helfend einzugreifen, fuhr sie mit dem Grafen in der Gegend herum, bedauernd, »daß ihm die schönen Wälder keine Spur Eindruck machten – da er nur Politik denkt, und rasend gelangweilt aussah; was mir aber egal war, ich wollte ihm ja nur Abwechslung verschaffen, und die hat er in den 3 1/2 Stunden im Stuker-Wägelchen schon gehabt; ist auch nett müde geworden und ruht sich eben von der Anstrengung oben aus! Möge er lange schlafen!« So waltete sie bisweilen in ihrer Art diplomatisch ihres Amtes, die fürsorgliche Johanna.

Da war ein ländlicher Wohnsitz in Stadtnähe schon zu wünschen und damit leichterer Zugang zu den Amts-

Es kostete Bismarck unendliche Mühe, Wilhelm I. anderen Einflüssen zu entringen und ihn in seinem Sinne zu »suggerieren«. Wilhelm aber beklagte einmal, daß es nicht leicht sei, »unter Bismarck Kaiser zu sein«. Letztlich aber wurden sie dann doch immer wieder ein Gespann, wobei Bismarck das Zugpferd war.

geschäften wie später zu außeramtlichem Wirken. Es war nach dem letzten der drei Kriege um die Einheit des Reiches – Wilhelm I. war zum Kaiser des neuen Reiches und Bismarck zum Reichskanzler avanciert –, daß nach üblichem Ritus wieder einmal eine Dotation anstand.

Zunächst ging es um die Verleihung des Fürstentitels, was Bismarck widerstrebend akzeptieren mußte; es war ihm nicht recht, so aus dem Kreise seiner Standesgenossen herausgehoben zu werden. Daß dem in der Tat so war, belegt Johannas Brief an ihre vertraute Frau von Eisendecher, der sie schrieb: »Unsere Teezimmer sind jetzt allabendlich überfüllt von allen Möglichen, die nie da waren und sich verpflichtet fühlen, zum Fürsten zu gratulieren, den ich jeden Augenblick vergesse und immer ganz verblüfft drein schaue, wenn die wohlgesetzten Phrasen vom Stapel gelassen werden ... Bism(arck) wollte die Geschichte mit allerhöflichster Untertänigkeit ablehnen – weil's uns zu sehr gegen den Strich, aber Se.M. ließ ihn gar nicht zu Worte kommen mit Umarmen und Küssen. So saßen und sitzen wir drin und fühlen uns nicht sehr glücklich.«

Ganz anders stand es damit, daß der neuen Würde auch der Sachsenwald im Herzogtum Lauenburg beigegeben wurde. Waldbesitz! Da konnte Bismarck nie widerstehen. Nachdem er sich am 11. Juni 1871 dafür in einer der höflich-höfischen Form genügenden Weise bedankt hatte, ergänzte er das offizielle Schreiben am 30. September 1871 aus Friedrichsruh noch einmal in persönlicheren Worten: »Ich wüßte keine Besitzung zu finden, die so sehr meinen Neigungen und Idealen entspräche und zugleich eine so würdige Unterlage des neuen Standes darstelle. Es wird mir schwer, mich bei dem schönen Herbstwetter davon zu trennen. Auch für das mangelnde Schloß, dessen Majestät gedenken, habe ich auf dem zugekauften Grundstück einen sehr geeig-

Bismarck wollte den Fürstentitel gar nicht, der ihn zu sehr aus dem Kreise seiner Standesgenossen heraushob. Das bestätigt auch Johanna, als sie die Gratulationscour über sich ergehen lassen muß: »Bism(arck) wollte die Geschichte mit allerhöflichster Untertänigkeit ablehnen, weil's uns zu sehr gegen den Strich, aber Se. M. ließ ihn gar nicht zu Worte kommen ... So saßen und sitzen wir drin und fühlen uns nicht sehr glücklich.«

Für einen Fürstensitz war Friedrichsruh nicht vorgesehen. An den Türen des Obergeschosses konnte man noch die Zimmernummern des ehemaligen Hotels erkennen. Aber die Räume waren hell und gut heizbar. Und für das Schönste hielt Bismarck ohnehin den »freien Blick in den Wald«.

neten Platz ermittelt, wo ich mich in den nächsten Jahren wenigstens mit einem Bau-Anfange beschäftigen kann, dessen Vollendung ich dem Geschmacke meines Sohnes anheimstellen werde.«

Aus der Absicht eines Schloßbaus ist dann freilich nichts geworden, obwohl dem ehemaligen Gasthaus, das der Familie nach mancherlei Um- und Anbauten schließlich als Wohnsitz diente, auch nicht der entfernteste Anschein eines Fürstensitzes zu geben war. Erkannte man doch an manchen Türen des Obergeschosses sogar noch die Zimmernummern. Zwar soll der Plan eines Berliner Baumeisters vorgelegen haben, aber da die Kosten zu hoch gewesen wären, hatte Bismarck ihn angeblich mit den Worten: »Für meine Nachfolger« verschwinden lassen. Sicherlich spielte da eine Rolle, daß er eben an Baulichkeiten weit weniger interessiert war als am Waldbestand. Und auf diesen, immerhin »dreißigtausend Morgen Hochwald, das heißt ungefähr viertausend Hektar«, lege er »größeren Wert als auf den Fürstentitel«, bestätigte er noch einmal dem Kabinettssekretär des italienischen Ministerpräsidenten Crispi, Edmund Mayor, einem sehr aufmerksamen Beobachter, im Oktober 1887 in Friedrichsruh.

Um diesen Waldbestand hat er sich – wie es seine Art war – sogleich gekümmert. Denn den heute übersichtlichen Sachsenwald mit seinen breiten, bequemen Wegen gab es damals noch nicht. Ein kleiner Urwald soll es gewesen sein, sagten die Leute dem Rentmeister Heiß, was der damalige Oberförster Lange bestätigte. Er habe so gewirkt, weil er stark mit Unterholz durchsetzt gewesen war und mit überwuchernden Schlinggewächsen. Da sei es auch vonnöten gewesen, Sumpfflächen trockenzulegen, das Unterholz zu beseitigen, das den Waldbäumen die Kraft nahm, Waldwege herzurichten und Futterstellen für das Wild anzulegen. Der

Forstmann Lange soll sich dadurch in Fachkreisen als »grüner Hexenmeister« einen Namen gemacht haben. Man darf es also Bismarck glauben und es nicht als übliche ländliche Klagelitanei abtun, daß er große Summen für Forstarbeiten verwandte.

Die Räumlichkeiten im Hause, so bestätigte der damalige Rentmeister, waren »groß, hell und luftig und im Winter gut heizbar«. Neben der Wohnung des Hauswarts lagen die Vorratsräume, wegen der feuchten Witterung an der Wasserkante schwer trockenzuhalten. Dann aber gab es noch das vom Hausherrn hochgeschätzte Weinlager und den von Spendern ständig gut versorgten Bierkeller, in dem sich viele Sorten, vom Hofbräu und Salvator bis zum Paulaner, fanden, »jedenfalls fehlte unter den Lieferanten keine der bekanntesten Brauereien des Bierlandes Bayern. Die Rücksendung leerer Fässer hatte regelmäßig die Ersatzsendung zur Folge, zu keiner Zeit trat ein Mangel an dem edlen Naß ein.« Auch wenn es den vielen Hamburger Gastwirten, die alle Bismarck beherbergt haben wollen, mißfällt: Bismarck war Selbstversorger, er trank mit seinen Gästen viel und gern, aber er tat es zu Hause.

Aus dem alten einfachen Gebäude bürgerlichen Aussehens war durch Umbau, Reparaturen und Anbauten ein »großes, unregelmäßiges, stilloses, aber geräumiges und gut eingerichtetes Gebäude entstanden«, meinte der italienische Gast Mayor, »eine schöne und bequeme herrschaftliche Wohnung, aber nicht eigentlich ein Schloß«, ganz anders als Varzin. »Es ist kein eigentliches Dorf da und zum Beispiel auch keine Kirche«, nur »einige Häusergruppen und im Walde zwei kleine Weiler. Der Wald reicht ... bis ans Haus, über das einige Riesenbäume ihre Zweige ausbreiten, die im Walde vorherrschende Gattung ist die Buche. Beim Hause indessen befinden sich Eichen und Tannen.«

Bismarcks Arbeitszimmer in Friedrichsruh ist zweckmäßig für ihn eingerichtet, nicht mehr und nicht weniger. An der architektonischen Gestaltung der Räume war ihm ohnehin wenig gelegen. Da hat sein Arbeitszimmer in Varzin schon einen großzügigeren Zuschnitt.

Friedrichsruh nach einem Gemälde von Ruths (1879).

Der schönste Schmuck seines Friedrichsruher Hauses, das betonte Bismarck des öfteren, sei der »freie Blick in den Wald«; den Garten wollte er eigentlich nur parkartig. Lediglich Johanna zuliebe, die ihre Varziner Gärten vermißte, willigte er schließlich in ihre Rosenzucht ein und legte ihr zum 67. Geburtstag ein Grasbüschel auf den Gabentisch, Zeichen eines neuen Rasens.

Das Verhältnis zu den Hamburgern war anfangs nicht ohne Ärgerlichkeiten. Schauten sie den Bismarcks doch ganz ungeniert in die Fenster, so daß sie sich zu einer Einzäunung genötigt sahen und Bismarck im Oktober 1878 befriedigt »besonders den beruhigenden Blick auf die um uns gebaute Mauer!« erwähnte.

Es hatte auch politische Friktionen mit den Hamburgern gegeben, bei denen sich Bismarck aber das Verdienst zusprach, ihnen durch den Entzug der Zollfreiheit genutzt zu haben. Anfangs hätten sie sich gegen seinen Druck aufgelehnt und »von allen Dächern geschrieen, daß ich ihren Ruin herbeiführen wolle ... Am liebsten hätten sie mich gehängt. Jetzt haben sie eingesehen, daß ich recht hatte. Weit entfernt, durch die Unterdrückung des Freihafens zu verlieren, haben sie dadurch gewonnen. Indem Hamburg dem Zollverein beitrat, ist es in der Tat der Hafen für ganz Deutschland geworden.« Jetzt, so Bismarck im Oktober 1887, »möchten sie ihm dafür Kränze flechten und Triumphbögen errichten«, er hüte sich aber »trotz der wiederholten Einladungen der Mitglieder des Senats und der Vertretung der Bürgerschaft«, sich nach Hamburg zu begeben, »aus Furcht vor den Huldigungen, die mich erwarten würden«.

Das nämlich mochte er wirklich nicht, diese öffentlichen Aufläufe, wie er einen davon erlebte, der »allzu fatal ausgefallen« war, als er, von einem Besuch aus Holstein zurückkehrend, spätabends Am Dammtor einge-

Aufläufe wie dieser in Kissingen, wo Bismarck beim Spaziergang mit seinem Arzt Dr. Schweninger vom Publikum begrüßt wird, waren ihm nicht sehr angenehm.

kehrt sei, um auf den Zug nach Berlin zu warten.«Ermüdet und ahnungslos« habe er dagesessen, bis ihn ein Mann erkannte und ein »dreimaliges donnerndes Hoch« auf ihn ausbrachte, worauf von allüberall sich Leute mit Hochrufen herandrängten, bis der Zug endlich anlangte.»Man muß eben auf seine Privatexistenz verzichten, wenn man ein öffentlicher Mensch geworden ist«, bedauerte er. Ihn jedenfalls konnte man damit verschrecken.»Von Friedrichsruh bin ich bisher noch nicht nach Hamburg gekommen«, so Bismarck im März 1884. Noch am 1. April 1890, als ihn die Hamburger anläßlich seines 75. Geburtstages mit einem Fackelzug ehrten, meldeten die *Hamburger Nachrichten*, er wolle jetzt gern häufiger kommen, wenn man dort nicht allzuviel Notiz von ihm nähme, »er könne doch nicht immer posieren«.

Dafür aber nahm er private Einladungen von Hamburger Patriziern an, etwa beim Bürgermeister Petersen, den er am 3. Juni 1890 besuchte, als er auch eine Stadt- und Hafenrundfahrt machte, betonend, es sei seit langer Zeit wieder das erste Mal, daß er seine Füße unter einen fremden Tisch gesteckt habe. Am liebsten aber empfing er Gäste zu Hause. Und da fanden nach 1890 besonders Hamburger Journalisten offene Türen. Johanna aber ging nach Hamburg einkaufen und bevorzugte das Geschäft der Gebrüder Seyderhelm.

Es hatte schon viele Vorzüge, neben Varzin einen weiteren Wohnsitz zu haben, der nicht so weitab lag. Auch das Klima war milder und Bismarcks Gesundheit zuträglicher. Schließlich wollte er auch im Sachsenwald seine letzte Ruhestätte finden. Seiner Johanna hatte er es schon im November 1892 gesagt: »Ich möchte, wenn es Gott gefällt, so spät wie möglich sterben, aber inmitten meines Eigentums. Selbst der Umzug von Varzin nach Friedrichsruh ist mir beschwerlich.«

Der Ort sollte nicht allzufern vom Hause und gut erreichbar sein. Aber Waldbäume dürften für den Bau eines Mausoleums nicht geopfert werden. Als der Förster Lange einen Eichbaum fällen wollte, nannte er ihn einen »Baummörder«. Die Gespräche über seine letzte Ruhestätte verliefen gänzlich unaufgeregt. »Wie man im Frieden für den Krieg gerüstet sein soll, so soll man im Leben auch an den dereinstigen Tod denken«, war Bismarcks Meinung. Allerdings haben doch, wie sich später herausstellte, vorübergehende Herzbeschwerden derlei Gedanken ausgelöst.

Im Februar 1894, so Maximilian Harden, wies Bismarck auf den dem Haus gegenüberliegenden Hügel, wo er begraben sein wollte. In Schönhausen sei er ja eigentlich schon lange ein Fremder geworden. Er konnte sich da in Ausmalung des »Feierlärms« nach seinem Tode nicht genugtun, bis die anwesende Johanna »ganz verstört« ausrief: »Aber Ottochen, wie kannst du nur so traurige Sachen reden!«, worauf er galgenhumorig antwortete: »Liebes Kind, ... gestorben muß einmal sein, und ich will wenigstens noch rechtzeitig dafür sorgen, daß mit meinem Leichnam kein Unfug getrieben wird. Ich möchte nicht, wie die Berliner sagen, eine schöne Leiche sein; eine mit der bekannten Aufrichtigkeit, die heimlich ›Uff!‹ macht, inszenierte Trauerkomödie, so zwischen Vogelwiese und Prozession, wäre so ziemlich das einzige, was mich noch schrecken könnte.«

Die Bismarckfamilie –
Leiden um Herbert

Zum näheren Verwandtenkreis gehörte der um fünf Jahre ältere Bruder Bernhard, der später in Külz wohnte und Landrat von Naugard wurde. Die Brüder sollen einander sehr geähnelt haben, gelegentlich wird Bernhard angesehen als »Bismarck ins Harmlose des märkischen Rittergutsbesitzers übersetzt«. Familiäre Beziehungen zwischen ihnen blieben immer bestehen; in jungen Jahren hat Bernhard seinem expansiv lebenden, verschuldeten Bruder in Finanznöten beigestanden und mitunter etwas Ablaß beim Vater erwirkt.

Daneben aber war noch die jüngere Schwester der beiden, Malwine – die Malle –, im Jahre 1827 geboren, also etwa zwölf Jahre jünger als Otto von Bismarck, aber von diesem ein Leben lang geliebt und in allen Lebenssituationen ins Vertrauen gezogen. Niemand erfuhr so viel wie sie von allem, was den Bruder bewegte. Seien es Verliebtheiten, Krankheiten oder Pferdestürze. Manches, von dem er Johanna nur in abgeschwächter Form erzählte, beichtete er der Schwester unverhohlen, sogar politische Ärgernisse. Und dabei war diese Malwine, verheiratete Frau von Arnim/Kröchlendorf, im allgemeinen wenig beliebt. Auch Johanna fürchtete ihre Argusaugen und wußte, daß es der Schwägerin nicht paßte, wenn es so schlicht und ungezwungen in Bismarcks Salon zuging. Sie wollte es gern abgehobener und exklusiver haben und pflegte die Gäste überkritisch mit ihrem Lorgnon zu fixieren. Mit Erleichterung erlebte Johanna immer wieder ihre Abreisen. In ihrer

Mit seinem fünf Jahre älteren Bruder Bernhard verband Bismarck besonders in der Jugendzeit ein vertrauensvolles Verhältnis. Dieser Landrat von Naugard wäre »Bismarck ins Harmlose des märkischen Rittergutsbesitzers übersetzt«, sagte man. Bernhard drängte später darauf, daß Otto ihm Kniephof überließ.

Das Verhältnis Otto von Bismarcks zu seiner um zwölf Jahre jüngeren Schwester Malwine war besonders herzlich. Er vertraute ihr in heiteren wie ernsten Briefen mitunter mehr an als Johanna, die mit dieser überkritischen, aufs Vornehme bedachten Schwägerin ihre Probleme hatte. Sie pflegte in Bismarcks Salon die Gäste, wie Allers es treffend wiedergegeben hat, per Lorgnon abzuschätzen. In der Jugend als »leicht« eingeschätzt, soll sie später bigott geworden sein.

Jugend elegant und eine der von Bismarck sonst so kritisch gesehenen »Gesellschaftsfrauen«, soll sie später fromm geworden sein. Philipp von Eulenburg-Hertefeld charakterisierte sie im Dezember 1885 so: »Die Schwester des Fürsten, Frau von Arnim, trat ein, das süße Lächeln alter Tage auf den verwelkten Zügen: es war früher sirenenhaft und soll jetzt evangelisch christlich sein … Mit der Absicht, nicht zu stören, schwebte sie durch das Eßzimmer und nickte lächelnd dem großen Bruder zu.« Bigott und früher sehr leicht, so wird sie auch von der Spitzembergin angesehen.

Wo war hier der sonst Bismarck eigene kritische Blick? Bei Malle war alles anders. Auch bei gebotener Vorsicht vor der heutzutage überstrapazierten Psychoanalyse, es liegt nahe, daß Otto von Bismarck Mütterliches in ihr entdeckte. Malwine war elegant und weltläufig, sie hatte Geschmack und begriff offensichtlich auch Bismarcks Probleme. Sie kannte den Lebensstil auf dem Lande und wußte sich auch in der Gesellschaft zu bewegen. Ihr Stolz fand Befriedigung darin, einen berühmten Bruder zu haben; der aber fühlte sich von ihr verstanden und nicht kujoniert wie einst von der ehrgeizigen Mutter. Geradezu frappierend war es, daß Otto von Bismarck bei seiner allgemein bekannten Abneigung gegen Malwines Tochter Sibylle kein Wort einwandte, als diese sich überraschend mit seinem zweitgeborenen Sohn Wilhelm, ihrem Cousin, verband. Auch Johanna, die keinen Hehl daraus machte, daß sie über die Aussicht dieser Heirat »betrübt« war, hielt sich sehr zurück. Wahrscheinlich wirkte das aufregende Familiendrama anläßlich einer angestrebten Heirat Herberts aus dem Jahre 1881 noch nach, und zum anderen wollte Bismarck keine Friktionen mit der geliebten Schwester haben.

Die Erstgeborene des Ehepaares Bismarck war Marie, Johannas »gutes Kind«. Nur in den ersten drei bis vier Jahren habe er seine Kinder erziehen können, meinte Bismarck, dann mußte er es im wesentlichen Johanna überlassen. Als eben diese Marie sich später über den Hochmut ihrer beiden Söhne gegenüber der Gouvernante beschwerte, riet ihr der Vater, nach seinem Rezept mit Rute oder Stöckchen zu verfahren, und erzählte, wie er es damit bei den Söhnen gehalten habe. Als diese einst Haselnüsse geholt und daraufhin vor dem Forstbeamten davongelaufen seien, habe er sie durchgeprügelt, nicht der Nüsse wegen, »sondern weil sie den alten Mann genötigt hatten, ihnen durch Gestrüpp und Wurzeln nachzusetzen«, bis er sie sich zur Verwunderung des Forstbeamten gegriffen habe.

Aufschlußreich ist in beiden Fällen die Ursache des Strafens: Den Kindern ist Hochmut gegenüber dem Personal nicht erlaubt.

Anfangs war Marie mit dem in der Familie wohlgelittenen Wend zu Eulenburg verlobt, der früh verstarb. Im September 1878 verband sie sich dann mit dem Grafen Kuno von Rantzau, der im Auswärtigen Amt arbeitete, dann Gesandter in München war und später Bismarck als Privatsekretär zur Hand ging. Ihre Ehe war harmonisch, was Bismarck befriedigt wahrnahm. Mit ihren beiden Jungen hielt sich Marie relativ oft während der dienstlichen Abwesenheit ihres Mannes in Friedrichsruh auf. Marie war, wie die kluge Frau von Spitzemberg bemerkte, »bloß leiblich« Bismarcks Kind, »geistig probierte sie gar nicht, mit ihm zu leben, teilte nichts von seinen Interessen, nichts von seinen Bestrebungen«. Eine Frau zu erziehen geht noch eher, meinte Bismarck, »aber bei einer Tochter ist's ein großes Kunststück. Ich bin mit Marie oft hart zusammengeraten, sie hat für ihren natürlichen Verstand einen merkwürdig engen Interessenkreis: Mann, Kinder, wir erfüllen sie, aber sonst fast kein Mensch, geschweige denn die Menschheit interessieren sie. Sie ist innerlich essentiell faul, darin liegt es.« Das hat nichts mit Maries Regsamkeit im häuslichen Bereich zu tun, wo sie schon nach ärztlichem Ratschlag flink in Küche und Keller wirtschaftete, um ihrer Beleibtheit abzuhelfen.

Ein Vergleich ihrer Briefe mit denen Johannas macht sogleich die Unterschiede deutlich; wo Johanna bei aller Enge doch auch Eigenständiges und Charakteristisches bringt, sogar anschaulich und farbig in der Diktion sein kann, bleibt Marie blaß und farblos. Später übernahm sie gemeinsam mit ihrem Mann die Pflege ihres Vaters in Friedrichsruh.

Wilhelm von Bismarck, der jüngste Sohn, studierte gemeinsam mit seinem Bruder Herbert in Bonn Rechtswissenschaft, schlug nach nur kurzer Zusammenarbeit mit dem Vater dann eine Verwaltungslaufbahn ein, bei der er es schließlich zur Oberpräsidentschaft von Ostpreußen brachte, sein höchstes Amt, und selbst das wollte er – im 48. Lebensjahr! – aufgeben, um sich nach der Vollendung des Umbaus nach Varzin zurückzuziehen. Politisch verhielt er sich eher reserviert, doch auch in der Verwaltungsarbeit scheint er sich nicht allzusehr engagiert zu haben, ist doch von »allzu großer Zurückhaltung« die Rede und davon, daß er »die lebendige Berührung mit den Bevölkerungskreisen vermieden« habe. Im Jahre 1874 hatte er sich als Ordonnanz bei Manteuffel eine schwere Gicht zugezogen, von der ihn auch wiederholte Kuren in Marienbad, Kissingen und Gastein nicht heilen konnten. Am ehesten half ihm noch Dr. Schweninger, der seine Körperfülle zu reduzieren versuchte, denn er war, auch nach Bismarcks Urteil im Jahre 1870, »stark von Kräften und wohl bei Leibe«, und das in eben den Jahren, von denen Bismarck sagte, da wäre er »schlank und mager« gewesen. »Der sieht

Wilhelm von Bismarck, Bill genannt, schlug nach kurzer Zusammenarbeit mit dem Vater die Verwaltungslaufbahn ein und brachte es schließlich zum Oberpräsidenten von Ostpreußen. Schwer gichtkrank, erreichte er nicht einmal das fünfzigste Lebensjahr.

von weitem wie ein älterer Stabsoffizier aus, weil er so dick ist.«

Wilhelm von Bismarck war durchaus intelligent und erkannte wie kein anderer, was der Bruder Herbert mit seinem selbstlosen Dienst beim Vater auf sich nahm. »Glaube mir«, so schrieb er ihm, »das Leben mit Papa und ein fortwährender verantwortlicher Verkehr mit ihm ist für jemand, der ihn liebt und Unbequemlichkeiten von ihm fernhalten will, ungeheuer aufreibend. Er verlangt einen kolossalen Nervenverbrauch. Aber da Du mit ihm unvergleichlich besser eingearbeitet bist als ich, wirst du diese Nervenwirkungen auch leichter zu vermeiden wissen.«

In merkwürdiger Vorahnung hatte sich Bismarck schon im Oktober 1891 um den Sohn Wilhelm gesorgt und befürchtet, daß er nicht alt werden würde. Und in der Tat, Wilhelm erreichte nicht einmal das fünfzigste Lebensjahr; vielleicht ist aus diesem frühen Kräfteverbrauch auch manches fehlende Engagement zu erklären.

Alle drei Kinder Bismarcks durften der elterlichen Liebe gewiß sein, der mit den größten Vaterhoffnungen verbundenen Zuneigung nur einer: der älteste Sohn Herbert.

Viele Besucher des Bismarckschen Hauses haben es beobachtet, wie zärtlich des Vaters Blicke auf Herbert ruhten. »Wie innig der Sohn empfangen wurde, war rührend anzusehen«, schrieb die Spitzembergin einmal, »während er aß, ruhten die Augen des Vaters so weich und sanft auf ihm, wie ich es noch selten gesehen; da sah der alte Löwe gar zahm aus.«

Sie ist nicht die einzige, die dieses besonders innige Vater-Sohn-Verhältnis wahrnimmt. Woher also kamen die vielen kritischen Äußerungen über Herberts Unliebenswürdigkeit, seinen harschen Ton? Nicht einmal bei

Wie ähnlich und doch wie anders, meinte die Frau von Spitzemberg einmal, Otto und Herbert von Bismarck vergleichend. Er hatte es nie einfach gehabt, dieser ständig beargwöhnte Sohn des großen Mannes. Und dabei war sein Verhältnis zum Vater von einer Hingabe ohnegleichen. (Zeichnung von Lenbach)

Damen soll er beliebt gewesen sein, die der Vater »mit vollendeter Ritterlichkeit« behandelte. Sein abweisendes Wesen war allgemein bekannt, nicht dessen Ursachen. Auch die Eltern wußten etwas von Herberts Arroganz. Gewahrte der Vater doch befriedigt, als er ihn im Jahre 1870 im Lazarett besuchte, daß Herbert mit gemeinen Dragonern freundlicher verkehrte als mit Offizieren. Denn: »Früher hatte er einen recht hochmütigen Tik.« Noch im Januar 1888 grämte sich Johanna sehr über »seine zynische Richtung«.

Die Baronin von Spitzemberg, der Herberts Art sehr konträr war, wußte dennoch zu differenzieren: »Gut im Innern, aber äußerlich brutal, fast zynisch, ungemildert durch den Einfluß hochstehender, bedeutender Frauen und ohne die Ritterlichkeit, die den alten Löwen so anziehend macht.«

Was war geschehen mit diesem offenbar ansehnlichen, begabten und arbeitsamen Herbert? Da muß man weit zurückblenden, bis in die Kindheit, wo alle Unarten der beiden heranwachsenden Knaben von den Besuchern heuchlerisch als temperamentvoll gelobhudelt wurden. Schon die Kinder gewahrten zu viel Servilität vor der Amtsstellung des Vaters. Und da Herbert eben immer der Sohn eines gesellschaftlich avancierten Politikers blieb, nahmen auch die für sein Menschenbild prägenden Negativerlebnisse nicht ab, sondern eher zu. Mit zweiunddreißig Jahren schrieb er einmal, daß er in seinem kurzen Leben zehnmal mehr Widerwärtigkeiten erlebt habe als andere in einem siebzigjährigen.

Daß Herbert mit kritischem Blick soziale Zustände zu erfassen vermochte, verriet schon sein Kriegstagebuch, in dem er engstirnige Militärs kennzeichnete als »Gamaschenknöpfe, die eng geworden waren im Mikrokosmos der Kaserne und ihre begrenzten Ideen von Weltauffassung tonangebend zu machen versuchten«.

Es wäre also zu rasch gefolgert, wollte man nur die tief unglückliche Liebesaffäre, in die er im Frühjahr 1881 hineingeriet, als entscheidend für seine Welt- und Menschensicht ansehen. Sie verschärfte bei ihm nur bereits vorgeprägte Züge.

Begonnen hatte das Familiendrama, als sich der Kanzlersohn in die attraktive Fürstin Elisabeth von Carolath-Beuthen verliebte, die geradezu konzentriert all das verkörperte, was Otto von Bismarck gegen eine familiäre Verbindung aufbringen konnte. Sie kam aus Kreisen, die ihm seit Jahrzehnten frondiert hatten, war Katholikin und Hocharistokratin, verwandt mit erbitterten Feinden Bismarcks aus dem Kulturkampf und verbandelt mit gehaßten Gegnern seiner Politik. Zudem entstammte sie dem durch Extravaganzen bekannten Hause Hatzfeld – eine Gräfin Hatzfeld war auch eine Liaison mit Lassalle eingegangen –, und sie war eine geschiedene Frau, was damals als höchst anrüchig galt. Zehn Jahre war sie älter als Herbert, was bei der Frage nach Nachkommen gerade in diesen Kreisen eine sehr wesentliche Rolle spielte. Es kam schon viel zusammen, was Otto von Bismarck gegen diese Verbindung aufbringen konnte und sogar mußte.

Ein kurzer Blick auf seine politische Situation in den achtziger Jahren zeigt ihn von zermürbenden Kämpfen um die innere Ausgestaltung des Reiches erschöpft; kaum daß die Auseinandersetzungen im sogenannten Kulturkampf gegen den politischen Klerikalismus abgeflaut waren, hatte er den Kampf mit der Sozialdemokratie aufgenommen. Er mußte sich um die schwierige außenpolitische Sicherung des Deutschen Reiches kümmern, um eine Allianz mit Österreich-Ungarn und um ein gutes Verhältnis mit Rußland.

Einer Stütze in diesen Kämpfen bedürftig, hatte er seinen Sohn zielgerichtet auf den diplomatischen Dienst vorbereitet. Herbert trat Anfang 1874 ins Auswärtige Amt ein und stand dem Vater immer zur Verfügung, auch wenn er den Gesandtschaften in Dresden und München beigegeben war, und selbst als er nach der Ernennung zum Legationssekretär zur Gesandtschaft in Bern gehörte. Auf Herbert konnte sich Bismarck verlassen, er arbeitete hingebungsvoll und war in die Intentionen seines Vaters eingeweiht wie kaum ein anderer.

Und nun kam diese Beziehung zur Fürstin Carolath, und Bismarck argwöhnte, daß ihm der für ihn notwendig gewordene Sohn entfremdet werden sollte. So abwegig war das keineswegs. Hatte sich doch die Fürstin unter Berufung auf die Bibel – wie aus einem Brief Herberts hervorgeht – durchaus dahingehend geäußert, »daß der Mann um der Frau willen, die er liebt, Vater und Mutter verlassen solle«. War sie von allen guten Geistern verlassen? Hatte sie gar kein Gefühl für die starke Bindung Herberts an seine Eltern? Der mit ihr sympathisierende Eulenburg mußte zugestehen, daß sie nie den »Ton uneleganter Schlichtheit getroffen« habe, der in Herberts Elternhause herrschte.

Nicht verwunderlich, daß Otto von Bismarck in helle Aufregung, ja in schiere Verzweiflung geriet. Den von Philipp von Eulenburg später veröffentlichten vertraulichen Briefen Herberts verdanken wir Einblicke in den Tiefgang der Konflikte. Sein Vater, so Herbert, habe ihm »unter schluchzenden Tränen gesagt, es wäre sein fester Entschluß, nicht weiter zu leben, wenn diese Heirat zustande käme, er hätte genug vom Leben, nur in der Hoffnung auf mich noch Trost bei all seinen Kämpfen gefunden«. Tief erschüttert und seine Konfliktsituation enthüllend, die ihn zwischen Verzicht auf seine Liebe und das sogar lebensgefährliche Leid seiner Eltern stellte, schrieb Herbert dem damaligen Freunde, daß er wahrscheinlich doch in keinem Falle nach einer Heirat

Väterlicher Unterricht in der Staatskunst.

Die Karikatur zeigt deutlich die Herabsetzung des Sohnes gegenüber dem übermächtigen Vater. Herbert konnte über derlei nicht souverän hinweggehen, er wurde menschenverachtend und schroff nach außen.

noch lange leben könnte, denn »das Verderben meiner Eltern würde mich umbringen; ... wie mich diese Unterredung mit meinem Vater erschüttert hat, dafür gibt es keine Worte, davon werde ich mich nie erholen, ich kann das nie vergessen, daß mein Vater um meinetwillen so aufgebracht ist«.

Mit Schmerz und Schuldgefühlen gegenüber der Carolath, denn er habe, »so viel an mir lag, niemals jemanden im Stich gelassen, der mir vertraut hat, das widerstrebt meinem Charakter«, löste Herbert die Verbindung auf, »das macht mich bitter und trocken im Herzen«.

Unerbittlich konnte Bismarck gegen wirkliche und angebliche Feinde sein, hier aber traf er sogar gegen den eigenen Sohn Maßnahmen von erstaunlicher Härte. Nicht allein, daß Herbert vor Ablauf von zehn Monaten nicht ohne Konsens hätte heiraten können, zu eben der Zeit wurden mit Genehmigung des Kaisers die Majoratsstatuten dahingehend geändert, daß ein Sohn, der eine geschiedene Frau heiratete, enterbt wurde, und bei Majoraten – zu denen der Bismarcksche Grundbesitz gehörte – gab es auch keinen Pflichtteil.

Es hätte dabei dieser in ihrer Radikalität geradezu erschreckenden finanziellen Barrieren gar nicht bedurft, da Herbert in tiefer Sorge war um die gesundheitliche Gefährdung der Eltern. Hatten doch die Ärzte auch wegen Johannas schwachem Herzen vor starken Gemütsbewegungen gewarnt. Was sich hier hinter den Kulissen abspielte, war für alle Beobachter in der Geballtheit der Konflikte und der inneren Dramatik kaum zu erkennen. »Sie sind arg gedrückt«, notierte die benachbarte Baronin von Spitzemberg am 30. Juni 1881, »die Carolath'sche Angelegenheit, seine und neustens auch ihre Gesundheit machen schwere Sorgen.« Auch der Journalist Moritz Busch traf Bismarck am 26. Juni 1881 in

Berlin bei schlechter Gesundheit, von seinem Nervenübel gequält, mit Schwäche, Beklemmung und Schmerzen überall, im Leibe, in der Brust und im Gesicht. »Das kommt aber von starker Gemütsaufregung«, sagte Bismarck, »diesmal nicht aus politischen Gründen, sondern aus anderen, von denen wir aber nicht sprechen wollen.«

Angesichts dieses Familiendramas fragt man allerdings, ob sie diese Leiden verdient hat, die Fürstin Carolath. Alle Schriftstücke von ihr sind jeglichem Forschungsbemühen unzugänglich. Wenn man nicht eruieren kann, muß man spekulieren dürfen. Otto von Bismarck hat offensichtlich gespürt, geahnt oder gewußt, daß mit dieser Abwerbung Herberts sein Lebensnerv getroffen werden sollte. Bemerkenswert und erstaunlich ist, daß bei Herbert, wenn er denn seinen Vater wirklich als Zerstörer seines Liebesglückes empfunden hat, keinerlei Ressentiments ihm gegenüber aufkamen. Vermutlich hat er sich, mißtrauisch, wie er geworden war, in seinen Gefühlen schließlich auch als mißbraucht empfunden, und vielleicht mußte er die innere Wahrheit dessen, was der Vater argwöhnte, mit Schmerz erkennen.

Wenn etwas dazu angetan war, seinen »Ekel vor der crapule von Menschengeschmeiß« noch wachsen zu lassen, so war es dies. War er doch, wie Philipp von Eulenburg scharfsinnig erkannte, »früh in Menschenverachtung gereift auf dem vergifteten Boden der Schmeichelei«.

Von Küche und Keller

»Auf den üppigen Komfort habe ich nie viel gegeben«, sagte Otto von Bismarck im Rückblick, »mein bester Komfort war meine Küche; auf die habe ich immer ein gutes Stück gehalten und ebenso auf einen wohlbestellten Keller. Wenn man viel geistig arbeitet, muß man Ersatz schaffen für den verbrauchten Spiritus.« Er bedauerte nur, daß sein Arzt, der Dr. Schweninger, ihm den Magen »viel zu gering geeicht« habe.

In seiner Familie seien lauter starke Esser, stellt er an anderer Stelle fest, und der Wein, den seine Vorfahren zuviel getrunken hätten, der käme jetzt bei ihm wieder aus den häufig tränenden Augen ans Tageslicht »als Strafe für ihre Sünden«. Auf den Bildern Lenbachs ist der wäßrige Augenglanz mitunter deutlich zu sehen. Doch obwohl er ein kräftiger Zecher war, berauscht hat ihn keiner erlebt, er vertrug einiges.

Otto und Johanna von Bismarck wußten allerdings Bescheid, wie man sich in gewissen Fällen zu verhalten hatte. Als der Afrikareisende Eugen Wolf, ein gern gesehener Gast der Familie, auf einem Bierabend zuviel »gepichelt« hatte und sich deshalb sehr unkonditioniert bei Bismarck einfand – es war im Juni 1890 –, waren beide ebenso eifrig wie kundig bemüht, ihm zu helfen. Bismarck riet: »Ein sehr gutes Mittel gegen Kater ist: eine ganze Flasche Champagner auf einmal auszutrinken.« Er hatte damit seine Erfahrung. »Und ich empfehle Ihnen einen salzigen Hering«, ergänzte die Fürstin und ließ hilfsbereit aus der benachbarten Wirtschaft gleich einen beschaffen, zu dem sie eigenhändig drei Kartoffeln schälte. Als sie ihrem Gast dann noch zwei Tassen extra starken Kaffee hinstellte, konnte Wolf nur feststellen, daß sein Kater über alle Dächer war.

Wenn einem von der Familie etwas fehlte, so Bismarck in einem seiner häufigen Gespräche über kulinarische Genüsse, dann habe es immer zuerst geheißen: »Er hat sich verfressen.« Dieser bei Tierärzten gebräuchliche Ausdruck wird ganz arglos aufs Menschliche übertragen. Das gehört zu Bismarcks geradezu urwüchsigem Zusammengehörigkeitsgefühl mit allem Kreatürlichen. Als er einst im Oktober 1878 mit dem Geheimrat Tiedemann nach Berlin fuhr und unterwegs der Bursche dann »aus einem riesigen Freßkober«, den Johanna für die Fahrt vorsorglich mitgegeben hatte, »sehr delikate Sachen« herausbeförderte: »einen halben Hasen, zwei gebratene Rebhühner, eine Rehkeule, verschiedene Wurst usw.«, dazu noch »Bier, Rotwein, Portwein, Nordhäuser und Kognak«, da wehrte der Geheimrat zuerst ab, weil er schon zu Hause gefrühstückt habe, aber Bismarck vertraute – wie sich zeigen sollte zu Recht – darauf, daß sich schon »Futterneid« einstellen werde, wenn er ihn essen sähe. Wieder beruft er sich ganz ungezwungen auf ein bei Hunden übliches Verhalten: Futterneid. Seine Eßlust war ganz urtümlich, und er gab sich ihr mit vitaler Freude hin, 240 Pfund Gewicht kamen nicht von ungefähr. Nur daß er etwa bei dieser kulinarischen Bahnfahrt nach Berlin dann vorsichtig sieben oder acht Flaschen unter den Tisch verschwinden ließ, denn »es könne ihm in der öffentlichen Meinung schaden, wenn erzählt würde, der Fürst und sein Geheimrat reisten im Lande umher zwischen einer Batterie von Wein-, Bier- und Schnapsflaschen«.

Im kleinen Kreise aber rühmte er sich gern seines Appetites. Zwei Dutzend Eier habe er in der Jugendzeit

»Mein bester Komfort war meine Küche«, sagte Bismarck. Und sein Jugendfreund Motley bestätigte: »Es ist ein Haushalt, wo einem alles angeboten wird, was auf Erden nur gegessen und getrunken werden kann.«

gegessen, erinnert er sich, da war er so zwischen vierzehn und achtzehn Jahren, als ihm die Verwalterin ein Dutzend Setzeier machte und er noch ein weiteres dazuverlangte. Jetzt aber, mit 82 Jahren, müsse er sich »mit Vieren als Maximum begnügen«.

In Lüttich habe er einmal, sechsundzwanzigjährig, hundertfünfundsiebzig Austern gegessen. Erst habe er fünfundzwanzig bestellt, »dann, da sie vortrefflich, noch fünfzig, und während ich diese verzehrte, beschloß ich, nichts anderes zu essen, und bestellte zur Heiterkeit der Anwesenden noch hundert«. Darüber freut er sich noch im nachhinein so, daß er das mehrmals zum besten gab, worauf ein Gast notierte: »Es muß indessen ehrlicherweise bemerkt werden, daß es aller Wahrscheinlichkeit nach die kleine Ostender Sorte gewesen ist.« Bis ins hohe Alter konnte er seinen »Heißhunger« auf Austern kaum bezähmen und aß da sogar ungeniert seinen Gästen die Leckerei weg.

Ansonsten hat man manchem Großen dieser Welt Delikatessen mit weniger Berechtigung zugeschrieben als Bismarck seinen Hering, von dem er in der Tat viel hielt und den er als unterschätzt ansah. »Die sind gesund«, betonte er im September 1888 in Friedrichsruh, »und ich nehme immer davon, seit Schweninger mir den Fisch empfohlen hat, der übrigens ein sehr feiner und edler und nur deshalb gering geachtet ist, weil er häufig vorkommt und wenig kostet. Ich habe gewiß seit 1883, wo ich damit anfing, schon über tausend Stück gegessen.«

Er verstand etwas von Fischen, dieser Bismarck, und besonders rühmte er, wenn im kleinen Kreis das Gespräch auf kulinarische Genüsse kam, frische Neunaugen, Schnepel und Elblachs sowie Maränen. Den Stör hatte er in Rußland schätzengelernt, und gern genoß er Kaviar, dessen verschiedene Sorten er zu charakterisieren wußte. »Seltsam, wie der Kaviar sättigt!« staunte er einmal, worauf Schweninger einwarf: »Wenn Sie gleich ein halbes Pfund davon essen, dürfen Sie sich nicht darüber wundern.«

Natürlich fehlte es nicht an willkommenen Ergänzungen aus der Welt; das Grundlegende im Hause aber war und blieb die pommersche Küche. Selbst wenn Bismarck vom Obst spricht, bevorzugt er Früchte aus dem ländlichen Bereich. Am liebsten sind ihm Kirschen, und dann hält er »auf die blaue Bauernpflaume große Stücke«. Er kennt Waldbeeren, und er versteht sogar etwas von der großen Familie der Pilze. Was Fleisch anbelangt, wird das Wildbret sehr geschätzt. Ein pommerscher Hase schmecke doch noch anders als ein holsteinischer, unterscheidet Bismarck, und Wild versteht er sogar fachmännisch zu zerlegen. Auch dessen sachgerechte Zubereitung ist ihm nicht fremd. Daß die französische Küche ausgezeichnet ist, gibt er zu. Aber die französischen Köche verstünden es nicht, die großen Stücke des Wildbrets herzurichten. Dazu bedürfe es einer besonderen Kunst, »das frische Wildbret hat nie seinen ganzen Wohlgeschmack, es muß gebeizt werden und abliegen«. Dazu darf man nicht ungeduldig werden, klopfen mache das Fleisch zwar mürbe, aber erhöhe seine Güte nicht.

»Pommern ist das Land der Waren, die mit dem Rauche zu tun haben«, erläutert er einmal, »Spickgänse, Spickaale, Schinken.« Und als sich einst ein Gast mißtrauisch gegenüber einer in einer Schüssel angerichteten grauweißlichen, mit Grün durchsetzten Masse verhielt, von der sich der Gastgeber kräftig bediente, geriet er bei der Erklärung »geradezu in Begeisterung über diese pommersche Spezialität«. Das sei Fluhm, antwortete er dem fragenden Gaste. »Was, ein so weit gereister Mann weiß nicht, was Fluhm ist! Dann wissen Sie überhaupt nicht, was gut ist. Es ist pommersches Gänsefett, zerrieben und mit feinen Kräutern durchsetzt, es ist wohlschmeckend und bekömmlich.«

Getrunken wurde so ziemlich alles, was der Keller, oft von Verehrern reich bestückt, hergab: echtes Bier und alter Korn, gelegentlich ein hundertjähriger Nordhäuser, Moselwein und Burgunder, Rheinwein und spanischer Wein, auch französischer Rotwein, Sherry und Champagner, schwerer Portwein, mitunter ein ausgezeichneter Medoc. Es ging schon recht opulent zu bei Bismarcks pommerschen Mahlzeiten, so, wie es sein Studienfreund Motley beschrieb: »Es ist ein Haushalt, wo einem alles angeboten wird, was auf Erden nur gegessen und getrunken werden kann.«

Und diese vitale Eßfreudigkeit soll nach einer heute modischen Tiefenpsychologie auf die emotionale Kühle der Frau Mama zurückzuführen sein? Da wäre wirklich Pommerland ganz abgebrannt.

Bekanntlich wird in Zeiten, wo man es entbehrt, besonders viel vom Essen geredet. So war es auch, als sich auf Bismarcks Frankreichfeldzug bei nicht so ernstzunehmenden Tischplaudereien vieles ums Essen drehte. Ernst zu nehmen, weil Bismarcks Wesensart gemäß, dürfte aber seine Meinung sein, er möchte nicht von einem Huhn essen, das mit Fleisch gefüttert ist, »nicht einmal die Eier«. Bismarck ein Grüner? Keineswegs, ein tief natur- und kreaturverbundener Konservativer.

In jüngeren Jahren hatte Johanna ihren Mann sehr zum Essen ermuntert. Das bemerkte auch ein französischer Tischpartner im August 1878 in Kissingen: »Auf die Bitten seiner Gemahlin aß er reichlich, nach ihrer Meinung aber nicht genug; als sie ihm zuredete, wandte er sich an mich mit der Äußerung, eine pommersche Hausfrau sehe ihre Lebensaufgabe darin, ihrem Mann den Magen zu verderben.« Auch die Gäste des Hauses wurden überreichlich mit Nahrung traktiert. Die Fürstin hätte ihn furchtbar gefüttert, gesteht ein Gast, »namentlich an einem Stück Gänseweißsauer, das sie mir zuschob, erstickte ich beinahe«.

Es änderte sich vieles, nachdem die Ärzte Johanna beigebracht hatten, daß Bismarck um seiner Gesundheit willen die Mahlzeiten reduzieren müsse. Da hieß es dann: »Du ißt zuviel Pastete«, was Bismarck aber keineswegs gestört hätte, wenn ihm da nicht der bayrische Arzt Dr. Ernst Schweninger energisch die Leviten gelesen hätte. Er sei der erste Arzt, der ihn behandelte, meinte Bismarck, die anderen hätte immer nur er behandelt. Es begann damit, daß Schweninger ihm ganz unverblümt den gesundheitlichen Ruin voraussagte, wenn er nicht einhielte beim Essen. Und selbst wenn Bismarck dann klagte: »Mich fliehen alle Freuden«, nun mußte er parieren. Schweninger empfahl ihm grob »einen Vieharzt«, wenn er sich seinen Diätanweisungen widersetze, und drohte, die Behandlung bei Disziplinlosigkeiten abzubrechen. Einmal ließ er in Varzin sogar schon die Pferde anspannen, um abzureisen, weil Bismarck sich einer Diätsünde rühmte; nur ein Gallenanfall des Delinquenten als Reaktion darauf veranlaßte ihn noch zum Bleiben.

Zunächst ging es darum, Bismarck einen anderen Lebensrhythmus beizubringen, ohne das lange Schlafen bis weit in den Morgen hinein, das Wachbleiben bis in die Nacht und das unmäßige Essen am Abend. Es war schon erstaunlich für ihn, wie die Schlafschwierigkeiten sich gaben und er sich bald wohler fühlte. Sogar der befreundete Roon hatte ihn doch einmal ermahnt, er dürfe ohne Versündigung nicht wieder in die alte Lebensweise zurückfallen: »Schlafen bis Mittag, Wachen bis zum Morgengrauen, Arbeiten bei Nacht und Essen für zwei bis drei!«

Dr. Ernst Schweninger, Jahrgang 1850, betreute Bismarck seit 1881, als es hohe Zeit war, ihn von seinem ungesunden Lebensrhythmus abzubringen und diätetische Maßnahmen einzuleiten. Johanna nannte ihn einen »bayrischen Grobian«, Bismarck sprach von seinem »schwarzen Tyrannen«, der ihm den Magen zu gering geeicht habe. Dennoch erkannten beide, daß Schweningers energisches Agieren für Bismarck lebensnotwendig war.

In der ersten Zeit seiner Mission in Frankfurt habe er einen Vollbart getragen, sagte Bismarck, damals und während seiner großen Krankheit, und es sei so »bequem gewesen«; Johanna aber fand es »abscheulich«. Und so habe er »diesen Schmuck auf dem Altar des häuslichen Friedens geopfert«. Im Alter trug er den Bart noch gelegentlich.

Bismarck gab später zu, ohne Schweninger hätte er zurücktreten müssen aus seinem Amte. Er allein habe ihm das Leben wieder erträglich gemacht. Und er stand fortan in einem frotzelnd-freundlichen Verhältnis zu ihm und empfahl ihn einem Gaste: »Sie sollten es mit ihm versuchen, obwohl er ein großer Tyrann ist und strengsten Gehorsam fordert. Es wurde mir sehr schwer, meine Gewohnheiten zu ändern, aber er hat es durchgesetzt ... Sehen Sie ihn nur, wie freundlich er aussieht, aber ich versichere Ihnen, er ist so grob, wie nur ein Altbayer sein kann.«

Und er mochte schließlich auch diesen radikal verfahrenden Arzt, von dem er – was ein großes Lob bei ihm war – sagte: »Der ist, wissen Sie, eine geborene Rakete.«

Schweninger sorgte dann auch dafür, daß ein junger Arzt, Dr. Chrysander, im Hause Bismarcks die ärztliche Aufsicht übernahm und zugleich als Privatsekretär wirkte. Und so kam es denn zu der für Bismarck sehr günstigen Kombination, daß Chrysander den Besuchern sagte, wie lange sie bleiben dürften, und Bismarck bedauern konnte, daß sie schon gehen müßten.

Vom Wald und von den Tieren

Der Wald war eine Leidenschaft für Bismarck, ein Ort des Sicheinsfühlens mit der Natur, eine Stätte der Nervenstärkung und der Besinnung, des Erlebens wie des Nachdenkens. Die »wichtigsten Entschlüsse« habe er da gefaßt, und nie fühlte er sich einsam in den Wäldern, die er in einsamen Spaziergängen, auf Ausritten und später bei Ausfahrten in den Sachsenwald aufsuchte. Mit wachen Sinnen für die Natur und insbesondere für alte Bäume, die für ihn Ahnen waren, ersah er sich seine anschaulichen Vergleiche und Wortbildungen. Sogar Verhaltensweisen will er im Walde gelernt haben, wie Ende Oktober 1885 ein englischer Besucher von ihm in Friedrichsruh erfuhr, denn »daß er in Fragen nationaler Politik nie den rechten Fuß niedersetze, bevor er wisse, wo er den linken hinstellen könne«, das habe er in seiner Jugend in den pommerschen Sümpfen gelernt. Sehr häufig findet man bei Bismarck Vergleiche oder gar Gleichsetzungen zwischen natürlichen, menschlichen und kreatürlichen Verhaltensweisen; das eröffnet mitunter überraschende Einblicke in ein Denken, das sich vorwiegend auf Anschauung und Erfahrung beruft.

Schon als Student hatte er kein Vergnügen an Bergtouren finden können; zweimal bestieg er den Rigi, einmal im Nebel, dann noch einmal bei klarem Wetter – es verlief freud- und lustlos für ihn. Gebirgsgegenden liebte er nicht, »wegen der im Tale beschränkten Aussichten, dann wegen des Auf- und Absteigens. Ich bin mehr für die Ebene, wenn auch nicht gerade für die bei Berlin. Aber kleine Hügel mit hübschem Laubwald, schnelle klare Bäche, etwa wie in Pommern und überhaupt an der Ostsee«, das liebte er.

So mochte er auch das Hochgebirgstal von Gastein nicht, obwohl ihm die dortigen Bäder zusagten. »Er sprach öfters aus«, so Keudell, »daß der Mangel eines weiten Horizonts ihm unerfreulich wäre, und daß er die der Jahreszeit gemäßen Getreidefelder ungern vermißte.« Das Brausen des herabstürzenden Wasserfalls quälte ihn sogar.

»Man fühlt sich nur ganz daheim, wo man seine Kindheit erlebt hat«, das wurde für sein Fühlen und Denken prägend, von daher kam seine Erlebnisintensität, aber auch eine erstaunliche Enge, denn er vermochte – hier ganz im Gegensatz zu Johanna – anderen Landschaften kaum etwas abzugewinnen.

»Ich begreife nicht, wie Papachen es langweilig finden kann, wo solch Frühling ihm in die Fenster schaut«, hatte Johanna im Mai 1877 aus Kissingen geschrieben, »aber leider, ihm ist ja alles schlimm, was nicht Sachsenwald und Varzin heißt, und die schönsten Buchen usw. interessieren ihn keine Spur.«

Und dann hieß es noch einmal am 31. August 1883 aus Salzburg, wo sie sich für die fernen Reichenhaller Berge begeisterte, »ich begreife nimmer, daß sie Papachen so kühl lassen, der jegliche Ebenen – ich glaube sogar die Magdeburger infamen Rübenfelder ihnen vorzieht, während mir das Herz bei jedem Gebirge weit aufgeht«.

Angeregt von Dr. Schweninger, mahnt Johanna ihren Mann noch einmal im November 1892, nach Kissingen zur Kur zu gehen, zumal er doch dort eine behagliche Wohnung habe. Er aber hält dagegen: »… aber Wiesen und Bäume in Kissingen sind nicht meine Wiesen und meine Bäume.« Deutlich gehen Landschaftserleben und junkerliches Besitzdenken eine unangenehme Partnerschaft ein.

Er hat das nie verschwiegen und im Januar 1871 dem Schriftsteller Corvin gegenüber erneut bekräftigt: »Und dann wissen Sie ja, wird man den Junker nie ganz los.« Früher hatte er es noch direkter gesagt, daß er ein Junker sei und auch Vorteile davon haben wolle. Nun aber, wo ihm Vorteile in so reichem Maße zuteil geworden waren und er nicht nur Varzin und Friedrichsruh besaß, sondern aus dem väterlichen Erbe wie aus dem seiner Frau noch weitere Güter seinen Land- und Waldbesitz vergrößerten, wuchs das Begehren nach mehr bei ihm. Er übersteigt jene Grenze, wo man das ihm Gemäße durchaus anzuerkennen bereit ist, und gerät dahin, wo die Habgier ihn treibt.

Und wer auch nur irgend die Besitzverhältnisse an seinem heiligen Wald in Frage zu stellen wagt, macht sich bei ihm sogleich verdächtig. Sein Mißtrauen gegenüber dem liberalen Finanzminister Miquel gründet sich nicht zuletzt auf dessen Ansichten über die privaten Eigentumsverhältnisse am Wald. »Einmal teilte er mir eine ganz kommunistische Anschauung vom Waldeigentum mit«, so erzählt Bismarck im Oktober 1892 in Varzin. »Der Wald sollte nicht Privaten gehören. Ja, warum denn nicht? Diese seine Theorie hat mich sehr stutzig gemacht.« Das kommt immer wieder bei ihm hoch und läßt ermessen, welcher Radikalität er fähig sein kann, wenn hier Besitzverhältnisse auch nur berührt werden, da wird er durchaus eisern, der Kanzler. Im Zwiespalt der Gefühle gegenüber Bismarck lebte Theodor Fontane, der sich ein Leben lang für ihn interessierte und zuzeiten auch engagierte, aber sich auch immer wieder abgestoßen fühlte, wo er ihn als »Vorteilsjäger« erkannte.

Wer sich ohne vorgefaßte Meinung, ohne das, was

Johanna einmal treffend als »Ansichtsbehauptungen« bezeichnete, mit Otto von Bismarck befaßt, stößt ständig auf Gegensätze in dieser Gestalt, auf eine mitunter erschreckende Fähigkeit zur Härte und auf überraschend weiche Züge. Sein Verhältnis zu den Tieren jedoch gehört zweifellos zu den Sonnenseiten dieser schattenreichen Persönlichkeit.

Mit allem Kreatürlichen fühlte er sich geradezu organisch verbunden, ganz gleich, ob es in freier Wildbahn oder sonstwo kreuchte und fleuchte. Sogar Spatzen beobachtete er gelegentlich mit Aufmerksamkeit, und natürlich mochte er seine Pferde, obgleich er nach seiner Schätzung nahezu fünfzig Pferdestürze hinter sich hatte – viele davon hatte er der besorgten Johanna verschwiegen und sich mit körperlichen Beschwerden herausgeredet. Am nächsten aber standen ihm stets seine Hunde, denn, so sein Vergleich mit dem Pferd: »Im allgemeinen steht aber der Hund doch entschieden höher.«

Ein Pferd kann mehr Pferd sein als ein anderes, sagte ihm einmal ein Pferdehändler, und das verstand er gut, wo er doch bei jedem seiner Tiere den eigenen Charakter erfaßte. Unvergessen in der ganzen Familie blieb die Dogge Sultan, liebevoll Sultl genannt. In Varzin erlebten dienstlich anwesende Besucher Bismarck wegen dieses Tieres »aufgelöst im Schmerz«. Der Hund war ins nächste Dorf gelaufen, und Bismarck nahm sich deswegen verärgert vor, ihn durchzuprügeln. Als die Gäste schließlich auf ihrem Zimmer erfuhren, der erst vor kurzem zurückgekommene Hund liege in den letzten Zügen, bot sich ihnen »ein wirklich erschütternder Anblick. Auf dem Fußboden saß der Fürst, den Kopf des sterbenden Hundes in seinem Schoß haltend. Er flüsterte ihm liebkosende Worte zu und suchte seine Tränen vor uns zu verbergen. Bald darauf starb der Hund.

Von früh an war das Reiten eine Passion bei Bismarck. Reiten müsse sie, sagte er in der Brautzeit seiner Johanna, und wenn er sich selbst in ein Pferd verwandeln müsse. Dabei meinte er schon im November 1870, »wohl fünfzigmal vom Pferd gestürzt« zu sein. Wenn irgend möglich, verschwieg er es Johanna und sprach von »Hexenschüssen«. Ab 1893 aber mußte er mit dem Reiten aufhören, weil seine Kräfte erlahmten.

Der Fürst erhob sich und ging auf sein Zimmer, kam an diesem Abend auch nur auf kurze Zeit wieder, um Gute Nacht zu sagen.« Am nächsten Tag war es wie in einem Trauerhause, es wurde mit verhaltener Stimme gesprochen. »Der Fürst hatte nicht geschlafen, ihn quälte unaufhörlich der Gedanke, daß er den Hund kurz vor seinem Tode noch gezüchtigt hatte.« Er machte sich »selbstquälerische Vorwürfe«, berichtete Tiedemann, obwohl er es sündlich empfand, sein Herz so an ein Tier zu hängen. Auch bei dieser Begebenheit gewahrte der Berichterstatter einen für Bismarck typischen Wesenszug: »dieses Gemisch von harter, eiserner Energie und kindlicher Weichheit«. Sultans Nachfolger wird dann Tyras, der als zweiter »Reichshund« geradezu geschichtlich geworden ist und in seinem Verteidigungseifer manch hohen Besucher in Angst und Schrecken versetzte. Tyras I war ein Geschenk des Münchener Hundezüchtervereins, ein »vorzügliches Tier«, wie Bismarck versicherte, »unter dessen Obhut ich sicherer war als unter dem Schutz der ganzen Berliner Geheimpolizei«. Um so trauriger war er deshalb über seinen Verlust, als er ihm vergiftet wurde. Der Kaiser erfuhr davon, und weil gerade Bismarcks Geburtstag bevorstand, beauftragte er den Minister Bötticher, ihm einen neuen Reichshund zu besorgen. »Und der Minister«, so erzählte Bismarck, »der von Hunden ungefähr so viel versteht wie gewisse ›Diplomaten‹ vom Steuerrudern, ging hin zu der berühmten orientalischen Hundezüchterei ›Cäsar und Minka‹ und bestellte einen neuen Reichshund ...«

Genußvoll kostete es Bismarck aus, bei dieser Hundegeschichte auf den mangelnden Sachverstand der neuen regierenden Leute anspielen zu können.

»Als das Vieh zu mir gebracht und vorgeführt wurde, vergoß mein Kammerdiener Pinnow Tränen der

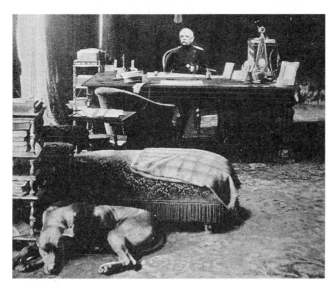

Ein Unterschied zwischen dem Arbeitszimmer Bismarcks zu Hause und dem im Reichskanzlerpalais dürfte sein, daß »der große Tyras es sich auf dem Sofa im Salon bequem machte«, wenn Johanna, die das nicht liebte, abwesend war.

Diese Hundefirma hatte dem kaiserlichen Minister als Geburtstagsgeschenk für Bismarck einen häßlichen Köter verkauft. Als sie sich daraufhin dann noch mit dem Titel »Fürstlich Bismarcksche Hoflieferanten«

schmücken wollte, ließ Bismarck ihr eine »Antwort zuteil werden, welche sie sicher niemals an einen Autographensammler verkaufen werden«.

Rührung und wollte ihn gleich dem Samariterverein übergeben; auf einem klapperdürren Gestelle, aus dem die Rippen herausguckten wie aus einem gestrandeten Schiff die Spanten, saß ein unförmlicher Kopf wie das Skelett eines vorsündflutlichen Auerochsen, und auf dem wackeligen Hintersteven saß eine blutige Rute, wie eine zerfetzte Fahnenstange. Ich wollte die Hände überm Kopf zusammenschlagen, denn ich dachte unwillkürlich an ein böses Omen für die Politik des neuen Kurses, und meine trübe Ahnung hat sich leider ein wenig bestätigt.«

»Oder vielleicht ein wenig viel« bestätigt, warf der Redakteur Memminger ein, ehe Bismarck fortfuhr: »›So einen Geheimrat oder so einen Minister, der von Hundezucht nicht mehr versteht wie ein Wiesel vom Lautenschlagen, darf man nur auswärts auf die Handelschaft schicken, dann kommt so ein Vieh daher! ... Der Hund muß ja bei einem Metzger in Rixdorf gestohlen worden sein!‹ rief ich unwillkürlich aus. ›Füttert ihn, sonst fällt er gleich um.‹ – Am andern Morgen kam der Kaiser zu mir und brachte mir seine Glückwünsche zum Geburtstag. Da ich mich für das schöne Geburtstagsgeschenk nicht bedankte und desselben keine Erwähnung tat, fragte der Kaiser selbst: ›A propos, Sie äußern sich gar nicht über den Hund, den ich Ihnen zum heutigen Tage gesandt!‹ ›Ach so‹, erwiderte ich, ›das hätte ich beinahe vergessen.‹ Und ich rief Pinnow: ›Führen sie den Köter herein!‹ Welch ein Anblick! Der Kaiser fand vor Staunen kein treffendes Wort über den Kennerblick seines diplomatischen Hundehändlers und sah sichtlich ein, daß er mit diesem kaiserlichen Geschenk keine große Ehre aufheben konnte; er sah sich nur wieder einmal geprellt und rief nur aus: ›Und dieses Vieh kostet mir (sic!) sechshundert Mark!‹ Was sagen Sie dazu, Herr Redakteur?«

Dieser hatte die ganze Erzählung ungewollt hervorgerufen, weil er offen gesagt hatte, daß er den Hund für ebenso abscheulich wie dumm halte, »er hat einen dummen Kopf«. Höchst vergnügt gestand ihm daraufhin Bismarck: »Ich selber habe den Hund niemals für schön und klug befunden, ... es gibt jedoch immer wie überall Menschen, welche ihre Abstammung vom Affen nicht verleugnen und nun ihrem verwandten Vetter, dem Hund, ihre Huldigungen darbringen, gab es doch schon verrückte Damen, welche Haare von diesem Vieh zu besitzen wünschten, um sie in goldener Kapsel als teures Andenken und Talisman statt eines Glückschweinchens mit sich herumzutragen!«

Diesen Unsinn ließ Bismarck noch amüsiert passieren, der Kragen platzte ihm nur, als die Hundefirma ihn schließlich auch noch um den Titel »Fürstlich Bismarcksche Hoflieferanten« ersuchte: »Eine solche Unverfrorenheit ging mir doch wider meinen Eichstrich, und ich ließ denselben eine Antwort zuteil werden, welche sie sicher niemals an einen Autographensammler verkaufen werden.«

Bezeichnend für Bismarcks Verhältnis zu Tieren aber ist, daß er diesen abscheulichen schwarzen Köter, »ein Zerrbild von einem Hunde ... ganz ohne Rasse«, so die Spitzembergin, dennoch behielt: »Ich könnte ihn ja vergiften lassen, aber er hat mich so gerne, hat so gute treue Augen – deshalb kann ich mich nicht dazu entschließen.«

Hier herrscht Einvernehmen mit dem Kreatürlichen, Verwandtes wird gesehen und empfunden, menschenähnliche Reaktionen beim Tier, dem Tiere Verwandtes beim Menschen. Die Kreatur beobachtend, leitet Bismarck vieles davon ab, erzählt davon nachvollziehbar und anschaulich, die Dinge gewinnen bei ihm sogleich literarisches Leben. Die ganze Familie war den

Tieren zugetan, wird berichtet. Als die graue Hündin Flora starb, das erlebte die Frau von Spitzemberg, »war die Fürstin untröstlich und sagte, sie hoffte, dem treuen Tier im Himmel zu begegnen, sie könne sich nicht denken, daß für die stumme Kreatur mit dem Tode alles aus sei. ›Warum soll das nicht sein können?‹ erwiderte der Fürst, ›ich hoffe zuversichtlich, im Himmel Hunden und Pferden zu begegnen.‹«

Erst als der letzte seiner Hunde sich sterbend in sein Schlafzimmer geschleppt hatte, entschwanden Bismarck allmählich wesentliche Bindungen mit der lebenden Kreatur.

Und dann besuchten ihn die Maler

Bismarck hatte ein Ohr für Musik, selbst wenn er sie später entbehren mußte, er hatte Sinn für Literatur, ein Gefühl für die Sprache und eine enge Beziehung zur Natur und zu den Tieren. Mit seinem Geschmack bei Malerei und Architektur aber war es nicht weit her. Daß er einmal von sich aus eine Bildergalerie besucht hätte, wenn er nicht gesellschaftlich dazu verpflichtet war, ist nicht bekannt. Und als er sich einmal bei Tische zu dieser Thematik äußerte, kam zutage, daß Landschaften ihn »nur ausnahmsweise« interessierten, »Heiligenbilder gar nicht, da sei ihm ein hölzernes Kruzifix noch lieber. Historische und Genremalerei gäbe mehr Anregung zu denken. Ein Bild Pilotys, Wallensteins Tod, habe einmal tiefen Eindruck auf ihn gemacht.«

In jedem seiner drei Häuser hing im Bibliothekszimmer das Bild Beaconsfields, des britischen konservativen Politikers Benjamin Disraeli – Earl of Beaconsfield –, den er, der im allgemeinen wenig zur Verehrung neigte, respektierte. Dann aber bewunderte er Menzels Illustrationen zu Friedrich II., wahrscheinlich wieder vor allem geleitet von seinen historisch-politischen Sympathien. Was sonst bei ihm an den Wänden hing, war künstlerisch kaum von Belang. Moritz Busch fand in seinem Gastzimmer in Friedrichsruh die Bilder von Grant, Washington und Hamilton. Es war immer das gleiche: Historisches und Politisches.

Nun aber, berühmt geworden, wurde er selbst Objekt der Maler. Im April 1879 hielt sich Lenbach in Berlin auf, »der den Kanzler auf Befehl des Kaisers« malte. Das mußte wohl sein, und die Fürstin verriet auch, daß es für die »Nationalgalerie« sei. »Ja«, bemerkte Bismarck, »der Kaiser hat mir geschrieben; aber schrecklich ist es mir, den Malern zu sitzen, noch schrecklicher freilich einem Bildhauer, die einem mit ihren Zirkeln immer am Kopfe herumkitzeln und messen, daß es nicht zum Aushalten ist.« Freundlicherweise hatte der Kaiser ihn also schon ein Vierteljahr vorher auf die Kunstplage vorbereitet.

Franz von Lenbach, der Münchener Malerfürst, schien es gnädig zu machen, wenn er sich in einige Entfernung setzte und auf lose Blätter Skizzen für ein Bild fertigte, »immer nur einzelne Teile des Körpers darstellend, Daumen, Kopf, Stirn, auch verschiedene Stellungen usw.«, Studien, die nachher mit »vielem Interesse ... besehen« wurden.

Als der amerikanische Gesandte Washburne anstelle einer Auszeichnung, die ohnehin nur ins Museum gekommen wäre, sich erbat, daß ein amerikanischer Maler ein Bild von Bismarck malen dürfe, fühlte dieser sich noch ganz anders auf dem »Altar des Vaterlandes« geopfert. »Der Maler machte übrigens in echt amerikanischer Weise ein sehr gutes Geschäft«, meinte Bismarck, »indem er gleich drei Bilder von mir malte.« Wie das dann ausgesehen hat, wird von Mayor, dem Sekretär des italienischen Ministerpräsidenten Crispi, so beschrieben: »Ist es wirklich der Fürst? Ein General in sitzender Stellung in kleiner Uniform an einem Tische, im Dreiviertelprofil, dick und aufgeschwollen ... Nein, das ist er nicht.«

Es fällt angesichts des Malereifers schon auf, daß Bismarcks Gäste ihn auf den Bildern wenig wesensmäßig erfaßt fanden. So der ungarische Dichter Maurus Jókai im Februar 1874 in Berlin: »Sein Gesicht habe ich auf

Die Leute, die ihn malten, machten alle den Fehler, ihm einen gewaltsamen Ausdruck zu geben, meinte Bismarck im November 1874, es existiere gar kein gutes Bild von ihm. Nur ein so tiefblickender Künstler wie Adolph von Menzel vermochte in einer Studie intuitiv zu erfassen, was Bismarck seine »träumerische, sentimentale Natur« nannte.

keinem der im Umlauf befindlichen Bildnisse ähnlich gefunden, da sie es allesamt moros und gallig darstellen.« Auch der helle und offene Blick würde von keiner Photographie wiedergegeben. Bismarck selbst meinte im November des gleichen Jahres, »er sei eigentlich eine träumerische, sentimentale Natur. Die Leute, welche ihn malten, machten alle den Fehler, ihm einen gewaltsamen Ausdruck zu geben, es existiere gar kein gutes Bild von ihm.« Nur Adolph von Menzel versuchte, ihn auf einer unvollendet gebliebenen Zeichnung in dieser Weise zu erfassen.

Als die Kritik an der Wiedergabe Bismarcks im Sommer 1880 auch an den schon wieder im Auftrage des Kaisers arbeitenden Lenbach herangetragen wurde und ein Gast ihm bedeutete, »daß er Bismarck meistens mit einem zu ernsten düsteren Ausdruck darstelle«, schaffte der Maler nur im Scherz mit einer schnell aufs Papier geworfenen Skizze Abhilfe, die Bismarck heiter zeigte mit Schweninger als »düster wirkendem« Pendant daneben.

Auf jeden Fall fühlte sich Bismarck von Lenbach, mit dem er sich allmählich anfreundete, besser erfaßt als von Anton von Werner, über dessen Bild vom Berliner Kongreß er sich, was seine eigene Erscheinung betraf, »in höchst humoriger Weise« ausgesprochen haben soll. Den Unterschied in den Auffassungen der beiden Maler wollte Edmund Mayor darin sehen, daß Werner den Staatsmann und Redner, Lenbach den Denker wiedergegeben habe. Zweifellos hat Lenbach in seinen zahlreichen Bismarck-Bildern viel Charakteristisches eingefangen, als typisch wurde von allen Bismarckkennern das Bild angesehen, auf dem er im dunklen Tuchrock, mit weißer Halsbinde und Schlapphut zu sehen ist. Es rief nicht selten in der Realität die Reaktion hervor »wie bei Lenbach«.

Immer hatte Johanna beklagt, daß Lenbach Bismarcks Hände nicht male, und er habe doch so schöne. Auf diesem Photo ist das deutlich zu sehen. Den dunklen Tuchrock mit der weißen Halsbinde pflegte Bismarck oft zu Hause zu tragen.

Daß sich Malerkollegen auch kritisch zur reichhaltigen Bismarckiana von Lenbach äußerten, konnte nicht ausbleiben: »Der Lenbach jagt dem Bismarck nach«, heißt es in einem Gedicht von Wilhelm Busch, der wohl auch einmal satirisch über den Malerfreund meinte, er habe »in Bismarcks schön was zurechtgeschmiert«. Die Familie pflegte zum Hausgebrauch die Lenbachschen Bismarckbilder »Karikaturen« zu nennen. Ernstgemeint war nur Johannas Bedauern, daß Lenbach die Hand ihres Mannes nicht zu ihrem Recht gebracht habe: »Und mein Mann hat eine so schöne Hand.«

Das bemerkte außer ihr im Februar 1891 auch der Schriftsteller Maximilian Harden, der »die außerordentliche Feinheit der langgegliederten Hände« sah, »die nicht einem Greise anzugehören scheinen, sondern einem soignierten Diplomaten von fünfzig Jahren« – Bismarck war zu dieser Zeit im 76. Lebensjahr. Und Harden fügte hinzu: »Diese charakteristische Hand hat der um Nebendinge genial unbekümmerte Lenbach uns nie gemalt, und auch die düstere Dämonie konnte ich nicht erblicken, die aus seinen Bismarckbildern häufig mit Tragödienstimmung zu uns spricht ...«

Immer wieder werden über Lenbachs Bilder zu Unrecht die charakteristischen Zeichnungen von Friedrich Wilhelm Allers vergessen, der vielen Dingen auf den Grund sah. »Lenbach hat die Manier, mir immer etwas auf den Kopf zu setzen, alte Mützen, wie ich sie doch nur gelegentlich trage«, meinte Bismarck, und »Allers läßt mich immer mit der Pfeife antreten«, spottete er. »Ich glaube, der malte mich mit der Pfeife, wenn ich im Kürassierhelm wäre.« Aber das sind Künstlereigenheiten; natürlich reizte Bismarcks überlange Pfeife mit dem hölzernen Stiel.

Wesentlicheres trat zutage, wenn Johanna beklagte, Allers porträtiere sie so, daß ihre Bekannten fragten,

Die elegante »Gesellschaftsfrau«, als die sie hier Lenbach in ihrem Todesjahr – 1894! – malte, war Johanna nicht einmal in ihrer Jugend. Das ist eine Form der Hofmalerei.

Immer wenn Allers sie zeichnete, fragten ihre Bekannten, ob sie denn wirklich so elend sei, klagte Johanna. Und dabei holte Allers nur heraus, was schon angelegt war, ihre Krankheit und ihren herannahenden Tod.

»ob sie denn wirklich so elend sei, wie Allers sie da gezeichnet habe«. Das war im Jahre 1893 in Friedrichsruh, und Johanna sah in der Tat, wie Photographien belegen, schon sehr krank aus, sie starb auch ein Jahr später; da hat Allers wohl doch erkannt, was sich vorbereitete. Denn niemals, selbst nicht in ihrer Jugendzeit, hat sie so sinnlich attraktiv ausgesehen, wie Lenbach sie noch in ihrem Todesjahr 1894 malte, mit schwellenden Armen unter durchsichtigem Stoff, eine elegante Dame der Gesellschaft.

Lenbach »verdient, so viel er nur will«, sagte Bismarck, und er hätte zwei Tarife. Der seinige sei eben niedriger als der für einen Berliner Bankier, den er aus »Geschäftsrücksichten« male. Aber es waren wohl nicht nur zwei Tarife, sondern auch zwei verschiedene künstlerische Motivationen, ob man sich nach den Bedürfnissen der Gesellschaft richtete oder nach dem tieferen Erfassen der Realität.

»Von der Bühne ins Parterre« – die Rücktrittskrise

Gegen Ende der achtziger Jahre braute sich viel Konfliktpotential gegen Bismarck zusammen. Innenpolitisch hatte er sich in den Kampf gegen die Sozialdemokratie derart verbissen, daß deren wachsende Erfolge – in den Reichstagswahlen vom Februar 1890 erhielt sie die meisten Stimmen – zu seiner innenpolitischen Niederlage wurden. Das nutzte Wilhelm II., der nach dem Tode Wilhelms I. und dem Hundert-Tage-Kaiser Friedrich III. an die Macht gekommen war, sogleich aus, um sich scheinbar »arbeiterfreundlich« von Bismarck abzuheben. Dazu kamen noch tiefgreifende außenpolitische Diskrepanzen, denn der unerfahrene junge Kaiser unterschätzte den Wert von Bismarcks guten Beziehungen zu Rußland. Vor allem aber stand ihm der Kanzler mit seiner Autorität im Wege; Wilhelm II. konnte es kaum erwarten, das Ruder selbst in seine ungeübten Hände zu nehmen.

»Was dem Kaiser nach und nach in bezug auf die innere und äußere Politik in den Sinn kam, konnte meinen Beifall nicht finden«, sagte Bismarck. »Auch paßten unsere Charaktere nicht zusammen. Der alte Kaiser fragte mich um alle wichtigen Dinge und sagte mir seine offene Meinung. Der junge Kaiser sprach mit anderen und wollte selbst den Kurs bestimmen. Lange Auseinandersetzungen und Verständigungsversuche gab es da nicht mehr. Der Kaiser wollte mich los haben und ich wollte gehen, wenn auch nicht gerade in dem Augenblick, wo er mir zweimal hintereinander seine

Herolde schickte, um mich zur Einreichung meines Abschiedsgesuchs zu drängen.«

Abschiedsgesuche hatte Bismarck unter Wilhelm I. gerade genug geschrieben. Immer waren sie abschlägig beschieden worden, und meistens hatten sie letztlich sogar seine Macht gestärkt. Jetzt aber lagen die Dinge anders. Und wenn Johanna auch nur im mindesten geahnt hätte, was der Abschied vom politischen Wirken für ihren Mann bedeutete, dann hätte sie ihn nicht jahrelang so herbeisehnen können. Immer meinte sie, angesichts seiner Arbeitsüberlastung und seines Ruhebedürfnisses auch seinen Überdruß an politischem Ärger und am Kampf gegen viele Widerstände am besten zu kennen. Deshalb hatte sie schon im Juli 1873 an ihren Sohn Wilhelm geschrieben, daß »Papachen ... nur noch am dünnsten Haar in der Wilhelmstr. hängt, und ich wäre recht froh, wenn er nur endlich ginge, weil ich gewiß glaube, daß er dann noch mal wieder recht gesund würde«.

Das dünne Haar erwies sich noch als recht stark, und so hoffte Johanna im Februar 1875 schon wieder: »Papachen schläft Gottlob seit allerletzter Zeit besser – trotz immer neuem Ärger, aber sein Entschluß im April zu gehen wird fester und fester, so daß ich jetzt gewiß hoffe, er führt ihn aus – und dann, denke ich, werden wir, mit Gottes Hülfe, einem recht schönen, friedlichen, glücklichen Lebensabende entgegensehen können.«

Im Dezember 1879 schien ihr schon wieder ein Rücktritt möglich, wenn sie jetzt auch etwas vorsichtiger in ihren Erwartungen war. Die Reichstags-Conservativen hätten Bismarck wieder einmal »ziemlich geärgert«, so, »daß ihm die ganze Kanzlerschaft über ist, er sie Stolberg abgeben wird – Bülow werden will! Das ist das Neueste jetzt, wollen sehen, was draus wird.«

Ernster klangen ihre Worte dann doch im Februar

Diese Karikatur »Der Lotse geht von Bord« aus dem Punch *traf die Situation so, daß sie in fast keiner Bismarckveröffentlichung fehlt. Sie ist auch im Detail durchdacht.*

1890, wo sie meinte, »Papachen löst sich täglich mehr los – um bald, sich tief verneigend, adieu zu sagen, und Herbert tut's dann auch«. Da aber schien sie schon zu ahnen, daß es ohne Bitternis nicht abgehen werde; denn im März ist ihr dann »recht bange nach allen Richtungen hin, und wie sich's nun gestaltet – Gott weiß es – vielleicht will Er, daß alles verrujenirt wird und vor die Hunde geht«.

Es wurde alles noch schlimmer, als sie befürchtete. Am erstaunlichsten aber war, daß Bismarck an eine reale Entlassung lange nicht glauben konnte. Selbst als ihn der russische Kaiser im Oktober 1889 mit der Frage vorwarnte: »Sind Sie auch sicher, daß Sie Minister bleiben werden?« berief er sich auf das volle Vertrauen seines Herrn. Und daß dies nichts nachträglich Gesagtes ist, beweisen viele Reaktionen nach seiner Entlassung. Sein Abschiedsgesuch sei kein solches gewesen, beteuerte er wiederholt und übergab es am 7. April 1890 Poschinger in Friedrichsruh zur Lektüre. Aufschlußreich ist ein Detail bei der Übergabe des Schriftstückes. Poschinger sollte es auf dem Zimmer lesen, und Bismarck »nahm ein Kuvert aus dem Schreibtisch, legte das denkwürdige Aktenstück hinein und verschloß es mit den Worten: ›Damit es meine Leute nicht sehen.‹« Sie sollten wohl nicht wahrhaben, daß Bismarck – er konnte ja gar nicht anders – immer noch kämpfte.

Mitte März 1890 war er entlassen worden, und noch am 23. April soll er gegenüber dem Zeitungskorrespondenten Lwow in Friedrichsruh geäußert haben, er werde, »wenn es irgendeinmal meinem Vaterlande beliebte, mich zu rufen und ich ihm nützen kann ... jedem Aufrufe entsprechen«. Ob diese Pause einer zukünftigen möglichen Tätigkeit nicht schaden würde, wagte der Korrespondent zu fragen; glaubwürdig schon in der Diktion klingt Bismarcks Antwort: »Allerdings kann es seinen Einfluß haben, ... das Uhrrad, welchem ein zerbrochener Zahn eine Pause verursachte, geht schwer wieder so regelmäßig und genau wie vordem.« Zwei Monate später aber hat er dann Zweifel an der Endgültigkeit seines Rücktritts zurückgewiesen. Doch Kränkung und Groll, Kummer und Sorge saßen tief bei ihm. Bisweilen vermochte er seine innere Bewegung und seinen Schmerz kaum zu verbergen. »So bin ich mit fünfundsiebzig Jahren kaltgestellt worden«, meinte er gegenüber dem französischen Journalisten des Houx, und: »Ich war an die Politik gewöhnt; jetzt fehlt sie mir.«

Was hier in Bismarck vorging, hatte Friedrich von Holstein bereits im Jahre 1875 dem damals befreundeten Herbert von Bismarck scharfsinnig vorausgesagt. Er erwog da in einem Brief, ob Otto von Bismarck bei einem Abschied nicht noch mehr Ärger haben würde und sich überhaupt zu vollständiger Gleichgültigkeit bringen könnte, und führte dazu aus: »Ich glaube, geistigen Abschied von seinem bisherigen historischen Wirkungskreise nimmt er nicht. Und bloßes Beobachten ohne mögliches Eingreifen ist für einen Mann von seinen Gewohnheiten vielleicht auch angreifend. Er ist aus dem Rahmen der Minister heraus-, in den der Souveräne hineingestiegen. Ein Souverän dankt nicht ab, er tritt nur einen Teil der Regierungslast ab, wenn er älter wird.« Und er kommt dann zu dem Schluß: »En resumé hängt alles von der Frage ab, ob er, wenn er formell abgeht, auch imstande sein wird, geistigen Abschied von seinem Werke zu nehmen und ohne Gemütserregung zuzuschauen, wenn etwas daran kaputt gemacht wird.«

Damit traf Holstein schon in jener Zeit den Kern des Problems; das läßt sich aus vielen Äußerungen Bismarcks belegen. Noch im Jahre 1892 bekennt er, immer gedacht zu haben, die Geschäfte erst niederzulegen, wenn Krankheit ihn dazu zwinge oder »der letzte Seufzer sich dieser Brust ... entringen wird«. Und, so später zum gleichen Thema: »Namentlich in der auswärtigen Politik konnte mich niemand ersetzen; niemand besaß meine Erfahrung, niemand das Vertrauen der auswärtigen Mächte, das ich mir in langen Jahren mühsam erworben hatte.«

Auch wenn er mitunter meint, die forcierte Form des Umzugs aus seinem Berliner Wohnsitz hätte vor allem Johanna getroffen: »Bei den Frauen bäumt sich das Gefühl erst recht auf, wo wir schon wieder das Leitseil, das uns zu entgleiten schien, fest in die Hand bekommen haben«, gibt er sich hier weit souveräner, als er ist. In Wirklichkeit fühlt er sich wie sie tief verletzt, mußten sie doch »über Hals und Kopf« zusammenpacken, »die reine Flucht nach Ägypten!«

Auch Otto von Bismarck blieben die ständig wiederkehrenden Erlebnisse und Erfahrungen aller Wende- und Umbruchzeiten nicht erspart: Viele Menschen orientierten sich flugs um, dienten sich beflissen den neuen Regierenden an und wollten diese mit Beziehungen zu den vorhergehenden nicht verärgern auf der immerwährenden Jagd nach Karriere, Einfluß, Posten und Pöstchen. Der heute so wohlbekannte Vogel mit dem beweglichen Halse lebte schon und wird noch viele überleben. Menschlich wurde dieser Sommer des Jahres 1890 wolkenverhangen, denn im gastfreundlichen Friedrichsruh empfing Bismarck in einer Woche neben dem Arzt Dr. Schweninger nur einen Besucher, den in Amerika erfolgreichen »Eisenbahnkönig« Villard, auf dessen Erstaunen Bismarcks »Ausbruch« folgte: »Ich lebe unter einem förmlichen Boykott. Ich habe meine Stellung verloren und keiner will mehr mit mir zu tun haben, aus Furcht, dem jungen Menschen auf dem Thron zu mißfallen, der mich entlassen hat. Früher hatte man seine Not, die Leute von hier fernzuhalten, jeder wollte herkommen, besonders die Beamten, die mich brauchten. Jetzt traut sich keiner von denen her, aus Angst, er könnte als mein Gast in der Zeitung stehen und der neue Herr könnte davon erfahren. Ich weiß, daß täglich Menschen durch Friedrichsruh fahren, die noch vor ein paar Monaten ebensowenig gewagt haben würden, hier vorüberzufahren, wie in den Berliner Straßen ohne Gruß an mir vorüberzugehen. Ich hätte auch nichts anderes erwarten sollen; die Hunde folgen dem, der sie füttert.«

Und eben weil der Redakteur Memminger in der in Würzburg erscheinenden *Neuen Bayrischen Landeszeitung* über Bismarcks Entlassung couragiert und in kräftig-deftiger Weise geschrieben hatte, erhielt er eine Einladung zu einem Besuch in Kissingen im August 1890. Der aufgebrachten Johanna war Memmingers Vergleich wohltuend, daß »ein bayrischer Bauer einen alten treuen Oberknecht nicht zum Hause hinauswirft, daß aber die Familie Bismarck aus dem Kanzlerpalais ausgeboten wurde wie jemand, der den Hauszins schuldig geblieben ist.«

Daß Bismarck unter all diesen Umständen den angebotenen Titel eines Herzogs von Lauenburg rundweg ablehnte wie auch eine standesgemäße Dotation dazu, ist bei seinem ausgeprägten Selbstgefühl nicht verwunderlich. Man könne ihm nicht zumuten, seine Laufbahn zu beschließen wie ein eifriger Postbeamter, der zu Neujahr einer Gratifikation nachlaufe, sagte er. Mit dem Herzogtitel aber würde er um so mehr bedrängt und »gequält«, als man diesen schon im *Reichsanzeiger* publiziert hatte.

Bekanntlich widerstrebte Bismarck einst schon der Fürstentitel. Aber unter den jetzigen Verhältnissen einen Herzogtitel anzunehmen, war ihm in der Tat eine Lüge zuviel. Das empfand Johanna nicht anders, denn als sie einst in Varzin eine Geschäftsanzeige unter der Adresse erhielt: »An Ihre Durchlaucht die Frau Herzogin von Lauenburg in Varzin«, reichte sie den Umschlag ihrem Mann mit der Bemerkung: »Otto, da lies mal, was der dumme Kerl schreibt.«

Auffallend bei dieser Entlassungskrise war, daß sich alle der drei am meisten betroffenen Familienmitglieder über die Auswirkungen täuschten. Johannas Sehnen nach dem ruhig-friedlichen Lebensabend ohne die aufstörende und ärgernisbringende Politik blieb eine Illusion. Herbert, der die ihn überfordernde Arbeitslast zunächst mit einer gewissen Erleichterung abwarf, staunte darüber, daß der Vater, anstatt sich zurückzuziehen, noch mehr Zeitungen als früher bestellte, um politisch weiter auf dem laufenden zu bleiben. Und der sonst so mißtrauische Bismarck hatte wirklich nicht erwartet, daß man ihm so rasch den Laufpaß geben würde, ohne ihm zumindest das Auswärtige anzutragen.

Natürlich konnte er nicht lassen von der »Politik, die sein Leben war«, denn er hatte ja schließlich keinen »Job« gehabt, sondern – wie er es zu bezeichnen pflegte – ein »Gewerbe« ausgeübt, in dem er aufgewachsen war, viel gelernt und vieles erreicht hatte bei der Lösung einer nationalen »politischen Aufgabe«, die eben nicht eine der unsäglichen »Hausaufgaben« war.

Als er früher einmal müde und verstimmt zurücktreten wollte, hatte ihm ein Freund geraten: »Tun Sie das nicht, einen Baum, der an seinem Spalier hängt, soll man nicht losreißen vom Spalier, er geht sonst zugrunde.« Und Bismarck erkannte nun: »Mich hat man von meinem Spalier, von meinem Amt, von meiner Tätigkeit losgerissen. Ich fühle das.«

Wie Johanna sich verhielt, als sie nach Bismarcks Verabschiedung erkennen mußte, daß er fern von der

Politik noch mehr litt, läßt sich denken. Wenn sie einst gemeint hatte: »Seine Rüben sind ihm lieber als die ganze Politik«, so hatte sich das nun wirklich als trügerisch erwiesen. Gewiß erinnerte sie sich da mancher ruhebedürftiger Stimmung ihres Mannes, dem ein möglicher Rückzug in seine Wälder und auf seine Besitzungen immer wichtig gewesen war, ein sicheres Refugium für freie Entscheidungen. Aber auch wenn er zuzeiten mit solchen Gedanken gespielt hatte, er wußte es immer, wenn er sich nach Ruhe sehnte: »Aber für mich kann es keine Ruhe geben.«

Und so schimpfte und wetterte denn die um ihre Waldesruh betrogene Johanna über den jungen Kaiser, daß es nur so eine Art hatte. Es wurde so arg, daß man sie beiseite nehmen und ihr vorsichtig beibringen mußte, daß ihre Hemmungslosigkeit ihrem Manne schade. Man konnte ja auch die alte Dame nicht noch wegen ihrer laufenden Majestätsbeleidigungen nach Spandau bringen. Bismarck aber sagte es wieder einmal in seiner Weise: »Das Alter des Methusalem würde nicht ausreichen, um die Gefängnisstrafen abzusitzen, deren sich meine Frau täglich wegen Majestätsbeleidigungen schuldig zu machen pflegt.«

Und während sich Johannas Zorn entlud, nahm das tragische Schicksal des Sohnes Herbert seinen weiteren Lauf. Es wurde schon erwähnt, wie sich der Vater um seine diplomatische Ausbildung gekümmert hatte. Sieben Jahre nahm er ihn selbst unter seine Fittiche und befand ihn dann, als man die Besetzung eines Botschafterpostens erwog, »als völlig geeignet, nur vielleicht zu jung«. Auch nachdem Herbert auf zwei Sondermissionen nach London in den Jahren 1882 und 1884 beordert worden war, hatte der Vater noch im Jahre 1885 gemeint, er ließe sich gut an, aber er müsse noch »faire ses caravanes«, und das erläuterte er so: »Das heißt ursprünglich, die Feldzüge machen, die die Malteser gegen die Ungläubigen mitgemacht haben mußten, ehe sie Ritter werden konnten, dann, seine Dummheiten machen als Anfänger, sich die Hörner ablaufen.« Herbert hatte dann noch in Den Haag gearbeitet und in Petersburg am Rückversicherungsvertrag mitgewirkt.

Wofür das alles? Sollte er wirklich, wie Bernhard von Bülow es wissen wollte und andere es ständig argwöhnten, als Nachfolger Bismarcks vorbereitet werden? Das bestreitet Maximilian Harden. Der Kanzler habe nie daran gedacht, »seinen Ältesten dem Reich als Kanzler aufdrängen zu wollen, ihm nicht einmal gewünscht, es zu werden«. Und eben dies geht auch aus dem privaten Briefwechsel zwischen Vater und Sohn hervor. Freilich sollte der Sohn dem Vaterlande »nützlich« sein, und dafür bot die Außenpolitik, Hauptdomäne des Vaters, ein weites Feld und manche Möglichkeit für einen befähigten Mann.

Als Bismarck dann aber seine Entlassung bekam, trat Herbert, wie sogar Johanna schon vorher wußte, sogleich zurück. Wilhelm II. hätte dies zur Vertuschung der Verhältnisse gern vermieden. Herbert sollte – zumindest vorerst – noch bleiben. Doch als man Bismarck durch zwei Abgesandte aufforderte, den Sohn dazu zu bewegen, sagte er: »Ich weiß wohl, daß Abraham auf direktes Gebot Gottes bereit war, seinen Sohn Isaak zu opfern; ein solches göttliches Gebot liegt nicht vor. Es wird sich schon noch ein Böcklein finden, das an meines Sohnes Statt geopfert werden kann.«

Die Kränkungen, die Herbert hinzunehmen hatte, nahmen kein Ende. Sie vergällten ihm sogar noch seine späte Heirat als Dreiundvierzigjähriger mit der jungen Gräfin Marguerite Hoyos, der Tochter eines ungarischen Grafen und einer Engländerin. Die Teilnahme an der Hochzeit in Wien wurde dem deutschen Botschaf-

Im Alter von 43 Jahren fand Herbert von Bismarck dann doch noch eine zu ihm passende Partnerin in Marguerite Hoyos, der Tochter des ungarischen Grafen Hoyos. Er bewohnte mit ihr das Stammgut Schönhausen; aus der Ehe gingen fünf Kinder, zwei Töchter und drei Söhne, hervor. Im Gegensatz zu Sibylle, der Frau Wilhelms, war Marguerite Hoyos bei Herberts Eltern gern gesehen.

ter durch den sogenannten »Urias-Brief« verwehrt. Sogar Franz Joseph ward ersucht, Bismarck bei dieser Gelegenheit nicht zu empfangen. Wieder einmal verlief alles beschämend kleinlich und gehässig, und erneut sah sich Herbert in seinem negativen Urteil über die Menschen bestätigt, als er die »byzantinische Feigheit« des Botschafterehepaares wahrnahm.

Ständig gab es Konflikte um und in Herbert. Sein Abscheu gegenüber diesen Verhaltensweisen kontrastierte mit dem innigen Verhältnis zu seiner jungen Frau, die auch bei seinen Eltern erfreut aufgenommen wurde und mit der er schließlich zwei Töchter und drei Söhne hatte in seinem ach so kurzen Leben. Das Stammgut Schönhausen hatte ihm der Vater übertragen. Glück auf dem Lande? Das kann es wohl kaum gewesen sein nach seiner intensiven politischen Vorbildung. Herbert, der als der »Vielverreiste« galt, nun vor Anker im ruhigen Schönhausen, wo sogar der Vater beklagte, ein Fremder geworden zu sein! Wie sollte es da Herbert gehen, der nie dort zu Hause gewesen war oder ein Amt bekleidet hatte. In Berlin geboren, in Frankfurt und Petersburg aufgewachsen, dann von Berlin aus nach Bonn zum Studium gelangt, mit Lehrzeiten in München und Dresden, in Wien und Bern, in London, in Den Haag und in Ägypten – an all das sollte sich mit etwa vierzig Jahren ein ruhiges Rentierdasein an der Elbe anschließen können?

Ein kurzer Vergleich mit den Lebensdaten des Vaters mag aufschlußreich sein. Als Otto von Bismarck vierzig Jahre alt war – im Jahre 1855 –, befand er sich in einer vielversprechenden politischen Laufbahn und war dabei, sich eigene politische Ansichten zu erarbeiten. Jahre, in denen er sich zwanglos ausgetobt hatte, lagen hinter ihm. Herbert aber war nie in seinem Leben sorglos unbeobachtet gewesen, stets umschmeichelt und beneidet, beargwöhnt und verdächtigt. Als Bismarck politisch auf vollen Touren lief und sich couragiert engagierte, da hoffte Herbert schon, seine Kräfte möchten vorhalten, »so lange Papa im Amte« ist. Zunächst war er nur froh, aus der »Tretmühle herauszukommen«. Ob er es aber blieb? Auch hier zeigten sich, wie überall bei ihm, unvereinbare Widersprüche. Nur abwertend sprach er vom deutschen Nationalcharakter: »Hoffnung auf Besserwerden kann ich nicht haben, nachdem ich den deutschen Nationalcharakter in seiner ganzen Unbrauchbarkeit geschichtlich studiert und 20 Jahre selbst unter den günstigsten Verhältnissen beobachtet habe.« Dann aber heißt es wieder in einem Privatbrief an den Bruder: »Schmerzen tut der Abrutsch des Vaterlandes doch immer.« Dabei hatte er im Grunde einen hohen Begriff von der Politik und hielt in ihrem Dienste Fleiß, Studium und »Nachdenken« für unentbehrlich. Das »Hastige« und »Stoßweise« in der Politik Wilhelms II. führte er darauf zurück, daß dem Kaiser »die soliden, auf Studium und Nachdenken gegründeten Unterlagen bisher fehlten«, womit deutlich wird, daß er sich nicht von der Politik schlechthin verabschiedete, sondern von der zu dieser Zeit betriebenen.

Letztlich wird er die Auseinandersetzung mit der Politik ja auch nicht los, wie sein Briefwechsel mit dem Vater, mit dem Bruder und ihm vertrauten Menschen beweist. Aber was konnte er schon tun, dieser stets mißtrauenumlagerte Kanzlersohn? Dies Problem hat wieder einmal die Baronin von Spitzemberg erkannt, als sie anläßlich Herberts frühen Todes schrieb: »Viel, viel entschuldigende Momente kommen dem armen Herbert zugute für seine Brutalität, seine Menschenverachtung, durch die er erst seinem Vater sehr geschadet, dann sich selbst; und nach dem Sturze Bismarcks sich eine andere Stellung zu schaffen, eine andere Rolle zu spielen, ach, das war unendlich schwer, fast unmöglich bei der Person S.M.s und den vielen Zwischenträgern und Böswilligen.«

Alles, was sich bei Otto von Bismarck noch zu einer widerspruchsvollen Einheit verband, klaffte bei dem Sohne schroff auseinander. Tief verletzlich, wie er war, konnte er selbst sehr verletzend sein; unfreundlich, wie er sich mitunter gegenüber Mitarbeitern verhielt, konnte er doch um »liebende Sorgfalt« bei der Pflege seiner Mutter bitten. Mit Lothar Bucher, dem selbstlosen Helfer seines Vaters, verband ihn ein warmherziges Verhältnis; einer der ersten Bismarckbiographen, Erich Marcks, hebt die »lebhafteste Mitwirkung« des Sohnes bei seiner Arbeit hervor und widmet ihm seine Arbeit »in Erinnerung und Dankbarkeit«. Herbert von Bismarcks Verhältnis zu den Menschen, die ihm nahestanden, allen voran die Beziehung zu seinem Vater, ist ohnegleichen. Aber seine zynische Menschenverachtung ist oft unerträglich für seine Umgebung. Auf einem der ersten Phonographen, der neuen Erfindung Edisons, sollte Bismarck einst etwas zur Erinnerung sprechen. Er tat es am 7. Oktober 1889, an Herbert gerichtet, in folgender Weise: »Sei mäßig in der Arbeit, mäßig im Essen und auch etwas mäßig im Trinken – Das ist der Rat eines Vaters an seinen Sohn.« Herbert von Bismarck starb am 18. September 1904, noch nicht einmal fünfundfünfzigjährig, an Leber- und Nierenkrebs.

Und die geistige Nahrung

Die Musik hatte Bismarck vorwiegend in jüngeren Jahren begleitet; wenn sich eine Gelegenheit bot, ließ er sich auch später gern in seinem Hause vorspielen oder vorsingen. Für die Architektur hingegen hatte er keinen Sinn. Mit Literatur aber befaßte er sich ein Leben lang. Was ihn bei der Lektüre bewegte, machte er sich als geistigen Besitz so zu eigen, daß Zitate wie Bezugnahmen auf Autoren und ihre Werke zwanglos in seine Gespräche einflossen. Waren doch gewisse Schriftsteller sogar an seinen verschiedenen Wohnorten immer greifbar für ihn; Chamisso gehörte dazu wie Heine, Uhland wie Rückert. Denn, so meinte er: »Wenn ich dann so recht verärgert und abgemattet bin, lese ich am liebsten diese deutschen Lyriker, das erquickt mich.«

Natürlich wandelten sich mit seiner Persönlichkeitsentwicklung auch seine literarischen Vorlieben. Das hatte in seiner Jugend mit Byrons weltschmerzlicher Romantik begonnen und ihn dann zu Béranger geführt. So gedachte er noch in den achtziger Jahren »mit einer gewissen Sehnsucht der schönen Stunden, zu denen ich mich an warmen Sommertagen unter einem großen Baum in Schönhausen niederließ, um mich an Béranger zu ergötzen«. Den Lyrikern der deutschen Romantik bewahrte er seine Sympathien. Dann gewann der historisch-politische Schiller immer mehr Anziehungskraft auf ihn.

Gleich nach seiner Entlassung im Sommer 1890 sprach er davon, daß er jetzt wieder Zeit zur poetischen

Lektüre habe, und nahm sich vor, Schillers Dramen jetzt noch einmal »in der Reihenfolge ihrer Entstehung« zu lesen: »Als ich jüngst beim Schlafengehen die Räuber vornahm, kam ich an die ergreifende Stelle, wo Franz den alten Moor ins Grab zurückschleudert mit den Worten: ›Was? Willst du denn ewig leben?‹ Und da stand mir mein eigenes Schicksal vor Augen.«

Dem russischen General Ignatiew übersetzte er sogar einmal aus dem ›Wallenstein‹ den Vers »Und setzet ihr nicht das Leben ein, nie wird euch das Leben gewonnen sein« ins Französische. Das war so ganz nach seinem Herzen. Und eben über diesen Zweizeiler schrieb er auch Johanna in einem seiner Brautbriefe – ein Gedicht beantwortend, das ihm »feige« erschien – schon im März 1847: »Und setzet Ihr nicht das Leben ein, so kann Euch das Leben gewonnen nicht sein‹, was ich mir so erläutre in meiner Art: In ergebnem Gottvertrauen setz die Sporen ein und laß das wilde Roß des Lebens mit Dir fliegen über Stock und Block, gefaßt darauf, den Hals zu brechen, aber furchtlos, da Du doch einmal scheiden mußt von allem, was Dir auf Erden teuer ist, und doch nicht auf ewig. Wenn grief near ist, nun so let him come on, aber bis er da ist, look nicht bloß bright and blessed, sondern sei es auch, und wenn er da ist, trag ihn mit Würde, d.h. mit Ergebung und Hoffnung.«

Bismarck liebte den ›Wallenstein‹, in dem er den Dichter, »der für alle Länder, nicht nur für Deutschland geschrieben« habe, zur Reife gekommen sah. Den ›Tell‹ aber konnte er nicht leiden; das wäre schon als Knabe bei ihm so gewesen, erstens, weil er auf seinen Sohn geschossen, dann weil er Geßler auf meuchlerische Weise getötet habe. »Natürlicher und nobler wäre es nach meinen Begriffen gewesen«, setzte er hinzu, »wenn er, statt auf den Jungen abzudrücken – den doch der beste

Schütze statt des Apfels treffen konnte –, wenn er da lieber gleich den Landvogt erschossen hätte. Das wäre gerechter Zorn über eine grausame Zumutung gewesen. Das Verstecken und Auflauern gefällt mir nicht, das paßt sich nicht für Helden – nicht einmal für Franktireurs«, so heißt es in einer Tagebuchaufzeichnung von Moritz Busch aus Versailles im Oktober 1870.

Auf jeden Fall war ihm Schiller näher als Goethe. Doch ein Pauschalurteil über diesen ist das nicht. Gewiß, im Frühjahr 1868, inmitten vergangener und bevorstehender harter Kämpfe, hatte Bismarck Goethe eine »Schneiderseele« genannt, weil er einst dichtete: »Selig, wer sich vor der Welt ohne Haß verschließt/ einen Freund am Busen hält und mit ihm genießt« und darüber weidlich gespottet. »Denken Sie doch, ohne Haß und am Busen halten!«, was mit schallendem Gelächter quittiert wurde. Auch wenn er später zugab, daß ihm der zweite Teil des ›Faust‹ »unverständlich und darum ungenießbar« sei; »mit sieben oder acht Bänden von den vierzig« wollte er dennoch »eine Zeitlang auf einer wüsten Insel leben«.

Die Männer in Goethes Dramen allerdings, ausgenommen Faust I und der Götz, »aber Egmont, der Mann in Stella, Tasso und die anderen mit ihrer Hauptperson sind doch lauter ... schwache weichliche, sentimentale Menschen, keine Männer wie bei Shakespeare«. Dessen Gestalten zog er vor und vermochte frei aus ›Hamlet‹ zu zitieren; er kannte auch ›Richard III.‹ »und – wie könnte es anders sein – natürlich den ›Macbeth‹«. Unglaublich will es ihm erscheinen, »daß ein Mann, der solch geniale Werke geschaffen hatte, sich, während er noch auf der Höhe des Lebens stand, nach Stratford-upon-Avon zurückziehen und dort jahrelang, fern von jedem geistigen Verkehr und abgeschlossen von der Welt, leben konnte«.

Als in den achtziger Jahren einmal Diderot und ›Jacques der Fatalist‹ genannt wurden, wehrte Bismarck ab. »Diderot war Materialist, und die Materialisten halte ich mir vom Leibe.« Da liegt es nahe, nach Heinrich Heine zu fragen, den sowohl Otto wie Johanna von Bismarck liebten und der zu ihrer Präsenzliteratur gehörte. Mit Sicherheit war es der Heine des ›Buches der Lieder‹, der Dichter, der das »letzte freie Waldlied der Romantik« geschrieben hatte. Man zitierte auch einmal aus ›Atta Troll‹, der Bismarck mit seiner Bärenromantik und heiteren Spottlust gefallen haben könnte. Wie weit er Heine folgte, ist nicht im einzelnen zu eruieren, aber ob Bismarck ›Deutschland. Ein Wintermärchen‹ überhaupt zur Kenntnis genommen hat, ist zweifelhaft.

Die literarische Spannweite bei Johanna war verständlicherweise enger. Sie war in ihrer Jugendzeit im Kreise ihrer schwärmerischen Freundinnen von Jean Paul beeindruckt, den besonders Marie von Thadden liebte. Den ›Titan‹ las man in diesem Kreise mit Hingabe und begeisterte sich nicht nur für den Helden, sondern auch für so ätherisch-gefühlvolle Frauengestalten wie Linda, in denen man sich wiederfinden konnte. Johanna hatte Bismarck den ›Titan‹ nicht nur zur Lektüre empfohlen, sondern dazu auch noch die entsprechende Kleidung gewünscht, was Bismarck allerdings zu weit ging. »Und einen Sammetrock soll ich tragen, angela mia? Ich habe oft gehört, daß Ritter die Farben ihrer Damen trugen; daß diese aber so weit gingen, den Stoff der Kleidung vorzuschreiben, davon habe ich in Romanen nie etwas gelesen.«

Das waren literarische Launen Johannas in der Brautzeit. Nein, bei Jean Paul vermochte man sich nicht zu treffen. Und noch weniger sollte es bei Turgenjew der Fall sein, den Bismarck im November 1882 als einen der geistvollsten unter den lebenden Schriftstellern ansah, worauf er leider im Gespräch dann nicht näher einging. Johanna aber hatte ›Väter und Söhne‹ offenbar gleich nach dem Erscheinen gelesen – der Roman erschien 1862 in Rußland und lag 1869 in Deutsch vor. Im März 1870 beklagte sie gegenüber ihrer Frau von Eisendecher: »Aber der Unanstand in Heyse und Turgenjew choquirt mich doch sehr – und die Gottlosigkeit und Unkindlichkeit ist gradezu haarsträubend in dem scheußlichen Bazaroff geschildert, dessen arme Eltern mit ihrer rücksichtsvollen bescheidenen Liebe mich beinahe tränenweich gerührt.«

Bismarck, der Schopenhauer nicht kannte und sich nie mit Philosophie befaßt hatte, mochte Chamissos lyrisch-historische Meditationen: »Ich bin der Zeiten ohnmächtiger Sohn«, zitiert er: »nicht wir machen, was wir machen, wir werden geschoben, sind Werkzeuge«, und das sollte nicht bitter, sondern bescheiden stimmen.

Bei der historischen Literatur, mit der sich Bismarck befaßte, war es nicht anders als bei der Belletristik. Immer schimmerte Eigenes durch. So ist es auch bei der Wertschätzung, die – um nur ein Beispiel zu nennen – Thomas Carlyle bei ihm genoß, obwohl Bismarck nicht dessen ›Cromwell‹ gelesen hatte, sondern nur die auf Deutschland bezüglichen Werke. Carlyle erfasse die Seelen, sagte er einmal, und in dem achtungsvollen Brief, den er dem Historiker zum achtzigsten Geburtstag aus Berlin am 2. Dezember 1875 schrieb, heißt es: »Wie Sie bei Ihren Landsleuten Schiller eingeführt, so haben Sie den Deutschen unsern großen Preußenkönig in seiner vollen Gestalt, wie eine lebende Bildsäule, hingestellt. Was Sie vor langen Jahren von dem ›heldenhaften‹ Schriftsteller gesagt, er stehe unter dem edlen Zwange, wahr sein zu müssen, hat sich an Ihnen selbst bewährt.« Für den »größten Geschichtsforscher« unter den deutschen hielt er übrigens Ranke.

Wesentlich bei Bismarcks Beziehung zur Literatur blieb immer, daß er nach einem Echo im eigenen Empfinden suchte. Lyrik war ihm zur seelischen Entspannung und Bereicherung vonnöten; die dramatischen Werke Schillers und Shakespeares maß er an seinen Erlebnissen und Erfahrungen im politischen Agieren und gewann so weiteres Erkennen in der poetischen Vermittlung. Es ging ihm nicht darum, sich neue Welten und Beziehungen mit Hilfe der Kunst zu erschließen, sondern die Welt, in der er lebte, tiefer und in allen Schattierungen und Möglichkeiten wahrzunehmen, sie sich kenntlicher zu machen. So begleitete ihn Literatur sein Leben lang, sie half ihm, sich zu entspannen, sie lenkte ihn ab, indem sie ihn mit ihren Mitteln auch wieder hinlenkte ins Leben. *L'art pour l'art* wäre nichts für Bismarck gewesen. Kunst als Lebenshilfe für einen Politiker also, warum nicht?

Plaudernd über Gott und die Welt

Wenn Bismarck sich einmal eine »poetisch angehauchte Natur« nannte, dann darf man das auf seine Aufnahmefähigkeit beziehen, darauf, was er wahrnahm und wie er es tat; es trifft aber auch auf Bereiche zu, in denen er seine ihm eigene Erlebnisintensität in bemerkenswerter Sprach- und Erzählkunst wiedergab.

Neben dem körperlichen Ausgleich, dessen er bedurfte und den er sich durch Jagen und Reiten in der Jugendzeit und durch Spazieren und Ausfahren im Alter verschaffte, stand ihm immer der Sinn nach Entspannung bei zwangloser Unterhaltung, nach lockerem geistvollem Plaudern, um dem Übermaß seiner Anstrengungen und der dadurch immer wieder drohenden Gefahr des »Nervenbankrotts« zu entgehen.

Besonders die ausländischen Besucher und allen voran die Franzosen waren überrascht von der häuslichen Atmosphäre. Als Bismarck im Juni 1866 einen französischen Journalisten in sein Haus einlud zu der »einzigen Stunde bei Tag und bei Nacht, wo ich mir selber ein wenig gehöre«, gewahrte der erstaunte Besucher im Familieninterieur, daß »etwas wie ein Hauch französischer Eleganz die pommersche Einfachheit durchtränkt«. Er empfand, daß der Gastgeber das Mahl mit »geradezu echt gallischem Witz und unerschöpflichen Einfällen würzte. Es war wie ein Sprühregen feiner und boshafter Scherze in immer neuen glitzernden Wendungen, und er selber lachte als erster und von ganzem Herzen darüber.« Diese »Freiheit des Geistes und der joviale Humor« beeindruckten tief. Selbst Thiers hatte nach harten Verhandlungen Bismarck einen »barbare aimable« genannt. Auch die englischen Gäste zeigten sich angetan von der »unübertroffenen Kunst im Anekdotenerzählen« und dem »unerschöpflichen Mutterwitz« des Gastgebers.

Äußerungen über die ungezwungene Atmosphäre im Hause Bismarcks gibt es in geradezu unerschöpflicher Fülle. Natürlich stand der Hausherr in patriarchalischer Weise im Mittelpunkt des Kreises, aber Johanna verstand es gleichfalls, bei anfänglicher »Dickflüssigkeit« das Gespräch »anzurühren«, während sie den Gästen liebevoll ein Übermaß an Speisen aufnötigte. Im übrigen war sie vollauf zufrieden, wenn ihr »Ottochen«, den sie gelegentlich auch »Bismarck« oder »Bismärckchen« nannte, das Gespräch beherrschte.

Dabei kamen seine mitunter kunstvollen Charakterisierungen keineswegs so leicht zustande, ganz im Gegenteil, stockend suchte er oft nach dem passenden Ausdruck, wobei ihm keiner zu helfen wagte, denn was sich schließlich aus ihm herausrang, war von schwer zu erreichender Anschaulichkeit. Wer verstünde es wohl nicht, wenn er erwähnte, man habe »in ihn hineingesprochen«, oder Ostthüringen sei »verhöfelt«, einer sehe »so verhagelt« aus und Briefe beantworte er wegen seines »Höflichkeitsgewissens«. Seinen Mitarbeiter Abeken nannte er eine »diplomatische Häckselmaschine«, weil jener imstande war, »in ein paar Viertelstunden über alles zu schreiben, was man von ihm verlangte«. »Sagte man ihm dann: Schön, Herr Geheimer Rat, – aber in der Hauptsache haben Sie mich mißverstanden, ich habe gerade das Gegenteil sagen wollen, so entschuldigte er sich und brachte unverdrossen nach einer Viertelstunde die Depesche wieder, die nun mit derselben Wucht der Überzeugung das Gegenteil verfocht.«

An dieser Tafel in Friedrichsruh sind im Jahre 1893 Familienmitglieder und Freunde versammelt: Neben Bismarck links ist Johanna; dann (stehend) Ernst Schweninger; es folgt (sitzend) Marie Gräfin zu Rantzau, geb. Bismarck; Wilhelm von Bismarck (stehend); Magdalene von Lenbach (sitzend); Herbert von Bismarck (links am Tisch sitzend); hinter ihm Kuno Graf zu Rantzau; rechts steht Franz von Lenbach; stehend hinter Bismarck die Gräfin Marguerite von Bismarck.

Natürlich hielt Bismarck nicht viel von der für ihn so leicht zu handhabenden Presse, ganz schamlos diktierte er den Journalisten mitunter seine Meinung direkt in die Feder. Einen besonders gewandten »politischen Jongleur«, so erzählte er, habe er in der Erfurter Zeit zu seiner Verfügung gehabt. »Der betreffende Publizist habe ein und dieselbe Mitteilung, die er empfing, unter Umständen so verwertet, daß es in einem konservativen Blatt geheißen habe: Mit hoher Befriedigung begrüßen wir die Absichten der Regierung, in einem liberalen Organ aber: mit tiefer Besorgnis erfüllt uns die Absicht der Regierung; während in einem demokratischen Blatte der Eingang gelautet habe: schamlos reißt die Regierung jetzt die Maske herunter, mit der sie bisher heuchlerisch ihr Antlitz verhüllt hat.«

Eines aber verlangte Bismarck geradezu strikt: »In seiner Muttersprache muß man sich vollkommen ausdrücken können, was verhältnismäßig nur wenigen gegeben ist.« Schulbubenmäßig ließ sich da Dr. Moritz Busch von Bismarck traktieren. Den vom russischen Außenminister Gortschakow herrührenden Satz: »Je ne peux pas filer comme une lampe, qui s'éteint, il faut que je me couche comme un astre«, kontrollierte Bismarck wie ein mißtrauischer Lehrer: »Zeigen Sie mal, Sie haben's doch richtig geschrieben?« Busch reicht ihm das Blatt hin, und Bismarck bemerkt: »Da fehlt bei comme das e und bei éteint der Akzent.« Wenn zweimal ›auch‹ gesagt war, pflegte er zu korrigieren, ehe er etwas unterzeichnete. Kleinigkeiten, Kleinlichkeiten? Mitnichten! Es ist Sprachkultur, die im Detail beginnt.

Und was den Sprachstil betraf, so wurde Busch häufig von Bismarck gerüffelt: »Ich habe Ihnen übrigens schon mehrmals gesagt, Sie sollen nicht so grob schreiben. Da haben Sie wieder ... von Halluzination gesprochen. Warum nicht höflich? Immer eine solche gallige, malitiöse Sprache. Sie müssen sich eine andre Schreibweise angewöhnen, wenn Sie in einem so vornehmen Auswärtigen Amt arbeiten wollen; oder wir müssen eine andere Einrichtung treffen.« Und an anderer Stelle zum gleichen Thema, als sich Busch verteidigte »er könne auch artig sein und sich auf die feine Malice verstehen«, konterte Bismarck: »Nun, dann seien Sie fein, aber ohne Malice, schreiben Sie diplomatisch; selbst bei Kriegserklärungen ist man ja höflich.«

Wer zu erzählen wußte wie Bismarck, der hatte nicht nur ein Auge für das, was ihn umgab, sondern auch ein Ohr dafür, wie die Leute sprachen. So belustigte ihn die Ausdrucksweise eines Gutsnachbarn, der, sich ganz mit seiner Wirtschaft identifizierend, auf die Frage nach seinem Befinden geantwortet hatte: »Mir geht es ganz gut, nur habe ich leider im Winter sehr stark die Räude gehabt.« Bismarck vermochte sich auch an neuen Formulierungen, die den Leuten einfielen, zu erfreuen. »So erzählte er einmal, daß sein Kammerdiener Engel sehr schlechter Laune gewesen sei und, nach dem Grunde gefragt, geantwortet habe, der andere Bediente sei jetzt so grob zu ihm und ›biete ihm nicht einmal die Tageszeit‹«. Diese deutsche Redewendung für »guten Morgen«, »guten Tag« und »guten Abend« sagen, ergötzte Bismarck, weil er das zum erstenmal gehört hatte. Er erinnerte sich auch eines deutschen Bauern mit einem besonderen Begriff von seiner Muttersprache. Er habe ihm ein Messer entgegengehalten und dabei gemeint: »Die französische Sprache ist doch ganz verrückt, das nennen sie nun un couteau, wir nennen's aber Messer, und das ist es auch.«

Friedrich der Große und seine Zeit seien für Bismarck eine unerschöpfliche Quelle von Anekdoten gewesen, meint der in Friedrichsruh gern gesehene

Schriftsteller Sidney Whitman nach der Geburtstagsfeier Bismarcks im April 1893, wo er die folgende vernahm: »Als der große König nach dem Siebenjährigen Kriege, in dessen Verlauf die Hauptstadt schrecklich gelitten hatte, nach Berlin zurückkehrte, ritt er durch das Brandenburger Tor und sah dort ein stadtbekanntes Obstweib auf dem nämlichen Fleck ihre Ware feilhalten, auf dem er sie beim Ausbruch des Krieges ihr Geschäft hatte betreiben sehen. ›Nun, gute Frau‹, sagte er zu ihr, ›freut Sie sich nicht, uns wieder zu sehen und zu wissen, daß der Friede nun dauern wird?‹ – ›Wie soll ich das wissen?‹ erwiderte sie. ›Pack schlägt sich, Pack verträgt sich.‹«

Oder: »Ein Offizier bemühte sich, einen andern bei dem König dadurch in ein schlechtes Licht zu setzen, daß er Seiner Majestät berichtete, jener sei ein Trunkenbold. In einer Schlacht zeigte der letztere aber hervorragende Bravour und Befähigung, während der Verleumder eine sehr klägliche Rolle spielte. Als dieser an der Spitze seines Regiments vor dem König vorbeiritt, rief ihm Friedrich mit Donnerstimme zu: ›Weiß Er was? Sauf' Er auch!‹«

Aus seinem Leben erfuhren Bismarcks Gäste vieles, und selbst wenn da manches von einem Politiker mit künstlerischen Gaben effektvoll zugespitzt sein sollte, *cum grano salis* ist es allemal.

So erzählte er im Oktober 1892 in Varzin: »Als ich noch keine andere Auszeichnung besaß als die Rettungsmedaille, deren Band genau so aussieht wie der Adlerorden vierter Klasse, und ich in Berlin rasch in der Richtung eines Bahnhofes dahinschritt, rief mir ein Junge zu: Kann ick Ihnen nich eene Droschke besorjen, Herr Baurat? Als ich dann Majorsrang hatte und einmal ausging, hielt mich ein Schutzmann für einen ernsthaften Major und ersuchte mich, gegen eine Menschenansammlung einzuschreiten, die den Verkehr sperrte und mit der er allein nicht fertig wurde. Ich tat das bereitwillig, erklärte ihm dann aber, als er noch andere derartige Wünsche zu haben schien, doch, daß es mir leid tue, nebenbei noch preußischer Ministerpräsident zu sein und als solcher augenblicklich nicht zur Verfügung des Herrn Schutzmanns stehen zu können. Später habe ich es dann allerdings auch zum General gebracht und kam da eines Tages in Berlin an einem Schutzmann vorbei, der mich nicht grüßte. ›Grüßen Sie denn nicht Offiziere?‹ fragte ich ihn. ›O ja, Herr, aber nur die höheren‹, versetzte er treuherzig. ›Na, rechnen Sie einen General nicht zu den höheren Offizieren, guter Mann?‹ ›Das wohl, aber Sie sind doch‹ – ›Sie wissen wohl nicht, daß ich der Reichskanzler bin?‹ ›Nein, woher soll ich denn das wissen?‹ rief er betroffen. ›Ich bin ja eben erst vom äußersten Osten nach Berlin versetzt worden!‹ Ich war so erfreut, daß mich einmal jemand in Berlin nicht erkannte«, schloß Bismarck diese Erzählung, »daß ich gegen den Mann keine Anzeige erstattete.«

Die in dieser heiteren Erzählung vermittelte Tatsache, daß dereinst der deutsche Reichskanzler ohne jeden Aufwand durch Berlin gehen konnte, erstaunt heutzutage ebenso wie Bismarcks Kleinlichkeit, gegebenenfalls wegen eines unterlassenen Grußes Anzeige erstatten zu wollen.

Seine Könige beobachtete Bismarck mit kundig kritischen Blicken. Hatte doch er, ein Vertreter des »monarchischen Prinzips« von 1847 an, im März 1891 »nun drei Könige nackt gesehen, und da nehmen sich die hohen Herren oft nicht gerade sehr gut aus, und das der Welt zu sagen, das geht doch nicht, das wäre ja inkonsequent – gegen das Prinzip«.

Im Laufe der Zeit kommt dann doch sehr viel zusammen, was in Gesprächen aus Bismarck herausfließt.

Eine heitere Episode erzählt er mehrmals, offenbar selbst angetan davon: »Als man bei Kaiser Wilhelm II. einmal einen Champagner kredenzte, dessen Geschmack Bismarck verdächtig war und Majestät schließlich verriet, es sei deutscher Schaumwein und er trinke ihn ›aus Sparsamkeit‹, denn er habe eine große Familie; ›und ich habe ihn aus demselben Grunde meinen Offizieren empfohlen. Außerdem trinke ich ihn aus Patriotismus!‹ Da erwiderte Bismarck dem Kaiser: »Bei mir, Majestät, macht der Patriotismus kurz vor dem Magen halt.«

Doch nicht nur Heiteres gab Bismarck zum besten. Eine bittere Charakteristik erfährt die militaristische Hypertrophie des 1. Garderegiments, die Bismarck grollend ablehnt – wie auch Herbert immer gegen den Kommißgeist aufbegehrte. Da heißt es im März 1891 in Friedrichsruh: »Das erste Garderegiment ist das militärische Mönchtum, der Korpsgeist bis zum Unsinn, diesen Herren müßte man das Heiraten verbieten; ich rate jeder ab, einen aus diesem Regiment zu heiraten, sie wird dienstlich geheiratet, dienstlich unglücklich gemacht, dienstlich in den Tod getrieben, wie die arme Kessel ..., die ihren Onkel heiratete und diese mönchische Unfreiheit nicht aushielt. Der General, mein Jugendfreund und Vetter, machte Bill, der ihn in Zivil in meinem Hause traf, Vorwürfe über Mangel an militärischer Haltung gegen einen General.«

Bismarck war gegen Übertreibungen und Überzogenheiten auf vielen Gebieten – wo er sie selbst praktizierte, darüber wird noch zu reden sein –, er mochte sie nicht in der Sprache, nicht im Militärischen und auch nicht im Religiösen: »Gar zu fromme Leute kann ich nicht leiden.« So wie er Superlative im Sprachlichen kritisierte – daß sich der monarchische Briefwechsel dieses Stiles bediente, gehörte zum höfischen Ritual –, so hätte er nach seiner Wesensart auch die klobig-steinbrockigen Bismarcktürme und -denkmale abgelehnt, die in den nachfolgenden Jahrzehnten bis in unsere Tage hinein den Zugang zu ihm im wahrsten Sinne des Wortes verbauen. Im August 1890 führte er in Kissingen mit dem Redakteur Anton Memminger ein besonders offenherziges Gespräch, in dem er verlauten ließ: »Auf Titel und Orden habe ich niemals großen Wert gelegt, so wenig wie auf Denkmäler, die man mir errichtet hat und errichten will; ich will weder ein Schaustück sein noch mich versteinert oder am wenigsten bei Lebzeiten als Mumie sehen. Mir genügt mein einfacher Name, und ich hoffe, daß er auch in Zukunft genügen wird, die vielleicht weniger auf hohe Titel als auf erfolgreiche Taten sehen wird.«

Das ist glaubhaft Bismarcks Stil, und diese Worte sind auch seinem Wesen gemäß, das selbstbewußt Respekt für Geleistetes verlangte, aber Überhöhungen und Überdimensionales ablehnte.

Wie er es dann in späteren Jahren mit der Religion gehalten hat, wird aus vielen Gesprächen ersichtlich. Fast ängstlich wehrt er nach seinen religionskritischen Jugendsünden atheistische Lektüre ab. Nachdem er den »Vortrupp seiner Zweifel«, wie er einem Jugendfreunde sagte, »zurückgerufen« hat, will er nicht weiter in Versuchung geführt werden. An einem Anschluß an eine feste religiöse Gemeinschaft aber ist ihm auch nicht gelegen, das monieren seine Kritiker, die ihm den mangelhaften Kirchenbesuch vorwerfen.

Leider sei er »während der Kämpfe der letzten Jahrzehnte dem Herrn fernergerückt«, hatte Bismarck seinem alten Freunde Keyserling im Juni 1890 in Friedrichsruh gestanden, das empfinde er gerade in dieser Zeit schmerzlich, hoffe jedoch, in der Zurückgezogenheit und im Zusammenleben mit seiner Johanna wieder in den Besitz der früheren Stellung zu Christo zu gelangen.

Daß seine Gedanken immer wieder um sein Verhältnis zu Gott kreisen, wird deutlich; aber immer verbindet er Erfahrungen aus seiner Regierungszeit mit religiösen Vorstellungen. So ist es, wenn er »in ernstem Tone« die Frage aufwirft, »ob es zwischen uns unvollkommenen Menschen und der höchsten Gottheit nicht noch Zwischenstufen gibt, und ob der große Gott, bei all seiner Allmächtigkeit, nicht noch Wesen zur Verfügung hat, auf die er sich bei der Verwaltung des unermeßlichen Weltsystems stützen kann. Wenn ich zum Beispiel hier in den Zeitungen immer wieder lesen muß, wie unvollkommen unser ganzes Dasein ist, wie erbärmlich es bei uns zugeht, und wie ungerecht Glück und Unglück verteilt sind, dann muß ich immer daran denken, ob wir für unsere kleine Erde nicht gerade einen Oberpräsidenten erwischt haben, der den Willen unseres großen, allgütigen Gottes nicht immer erfüllt und uns manchmal etwas stiefmütterlich behandelt.« Religiöse Unduldsamkeit ist ihm übrigens verhaßt, und daß man ohne Gefahr für den Glauben des Volkes an der Bibel nicht rühren dürfe, dem stimmt Bismarck zu: »Quieta non movere.«

Ständig kommt er auf Überlegungen zurück, die ihre Herkunft aus seiner politischen Arbeit verraten, so auch im März 1893, als er der Freifrau von Spitzemberg erneut darlegt: »Ich habe eben oft das Gefühl, daß unser Schöpfer und Herr nicht immer alles selbst tut, sondern die Führung gewisser Gebiete anderen, seinen Ministern und Beamten, überläßt, die dann Dummheiten machen.«

Das Problem ist ihm so wichtig, daß er sogar einmal einen Pfarrer zu Rate zieht, dem er die Unterschiede zwischen sich und Johanna darlegt: »Ich bin kein Buchstaben-Christ und will es auch niemals sein« und, mit Betonung: »Der Buchstabe tötet, aber der Geist macht lebendig. Meine Frau will das nicht gelten lassen; sie fordert von sich selbst: jedes Wort, jeder Buchstabe der Bibel ist heilig, unumstößliche Wahrheit und damit unabänderlich!« Nun sollte der »Fachmann in Dingen der Gottesgelehrtheit« entscheiden. Der plädierte für Bismarcks Ansicht, daß nicht der Kirchenbesuch und auch nicht die Buchstabentreue den Christen ausmachen, sondern der Geist es sei, der die Herzen zu Gott führe. Es scheint mit Johanna über diese Fragen einige Debatten gegeben zu haben, denn Bismarck bedankte sich besonders: »Sie haben mir mehr gegeben, als Sie ahnen«, aber seine Frau »wird nicht alles unterschreiben, was Sie vortrugen«. Und so ist es in der Tat: Johanna betrübte es, daß man das Wort »nicht will lassen stahn«. Sie wollte sich ihren festen Christenglauben nicht nehmen lassen, wie auch ihr Mann sich von seiner eigenständigen Beziehung zu Gott ohne kirchliche Vermittlung nicht löste, von einer Religiosität also, die zu ihm paßte und die, wie so vieles bei ihm, ganz sui generis war.

Wen Bismarck zu sich einlädt, ist oft sehr absichtsvoll. Daß Journalisten neben Politikern und Menschen jeglicher Couleur, die auf die öffentliche Meinungsbildung einwirken können, besonderen Vorrang genießen, ist offensichtlich. Viele Gäste werden also nicht ohne Hintergedanken zu Tisch geladen, und sie wissen das natürlich. Wenn sie dennoch immer wieder beeindruckt sind, dann davon, wie sich über Absichtsvolles hinaus eine ganz zwang- und rückhaltlose Unterhaltung entwickelt. Man findet in diesen Plaudereien, die sich mitunter auch ihre eigenen Wege bahnen und sogar von Zufälligkeiten beeinflußt sein können – vom Essen und Trinken, von Zwischenfragen und Tagesereignissen, von historischen und persönlichen Erinnerungen wie von Überlegungen allgemeiner Art –, so ziemlich alles: Freimut und Berechnung, Vorsätzliches und Spontanes. Ist diese Kunst des Plauderns eine der verführerischsten seiner Künste? Allerdings, aber nur deshalb, weil er sich selbst dabei zu verführen vermag.

»Meine Zeit ist vorbei«

Die Zeit, in der Bismarck grimmig feststellte, daß man ihn nach seiner Entlassung meide, um nicht »höchstes« Mißfallen zu erregen, ging vorüber; sie wich bei vielen einem ahnungsvollen Unbehagen angesichts des spontan-unbedachten Regierungsstils des »geschäftsunkundigen jungen Herrn«. Schon beim nächsten Geburtstag, dem 1. April 1891, rückten auch wieder Deputationen aus verschiedenen Vereinen und Körperschaften in Friedrichsruh an. Und von den Journalisten war der bayrische Redakteur Memminger nur der erste gewesen, der einige deftige Worte riskiert hatte; die Presseverbindungen mit den *Hamburger Nachrichten* unter dem Chefredakteur und Eigentümer Emil Hartmeyer florierten bald. Schon Mitte April 1890 bat Bismarck ihn zum Diner nach Friedrichsruh, wo man Vereinbarungen traf, die das »Blatt rückhaltlos dem Fürsten zur Verfügung« stellten, unbekümmert darum, was man anderwärts dazu sagte. Der politische Redakteur Hermann Hofmann wurde besonders in den ersten Jahren nach der Entlassung wöchentlich ein oder mehrere Male nach Friedrichsruh beordert. Mitunter dauerte das zwei Stunden, und so zog sich Hofmann, der zudem in Kissingen fünf Wochen in Bismarcks Nähe war und sich intensiv in dessen Anschauungen und sogar Ausdrucksweise hineinlebte, den ärgerlichen Vorwurf der *Frankfurter Zeitung* zu, man könne schon nicht mehr unterscheiden, was Bismarck gesagt habe und was von Hofmann sei. Selbstverständlich kostete Bismarck hier auch seine Rache aus.

Aber war das nur der vielzitierte grollende Alte im Sachsenwald, der sich sein Mütchen kühlen wollte angesichts der erlittenen Unbill? Bei seinem ausgeprägten Selbstgefühl saßen Kränkung und Demütigung in der Tat tief und brachen immer wieder durch trotz mancher Versuche, sich souverän zu geben. Hatte doch die Politik, wie die große Forelle in seinem Teich, die die kleinen Forellen auffraß – so sein gelegentlicher Vergleich –, auch bei ihm alle anderen Leidenschaften verschlungen.

Diese Leidenschaft aber war nicht nur persönlicher Natur, sie hatte ihn auf eine »dornenvolle« Laufbahn gebracht zu einem nationalen Ziel hin, das ihn im Prinzip schon seit seiner Studentenzeit bewegte. Da er später als Agierender, wenn auch in einem hohen Amte, doch nur über von oben verliehene Macht verfügte, war er auf Um- und auch Abwege angewiesen, so, wie er es einmal dem österreichischen Historiker Friedjung im Juni 1890 in einer von diesem erbetenen Unterredung darlegte: »Ich war stets erfreut, wenn ich der Einheit Deutschlands, auf welchem Wege immer, auch nur auf drei Schritte näher kam. Ich hätte jede Lösung mit Freuden ergriffen, welche uns ohne Krieg der Vergrößerung Preußens und der Einheit Deutschlands zuführte. Viele Wege führten zu meinem Ziel, ich mußte der Reihe nach einen nach dem anderen einschlagen, den gefährlichsten zuletzt. Einförmigkeit im Handeln war nicht meine Sache.«

Dieses von ihm so schwer erkämpfte Ziel darf man nicht vergessen, will man die tiefe Sorge begreifen, die ihn nach seiner Entlassung erfüllte und ihm bei der »Gedankenjagd des Nachts« die Ruhe raubte, wenn er fürchtete, »daß sie das Gebäude, an welchem ich gebaut und gebastelt, wieder abbröckeln«. Die Negierung dieses höheren Anliegens bringt seine Leistung auf die banale Ebene einer persönlichen Ehrgeizbefriedigung.

Und es wäre gerade im Außenpolitischen sehr von Nutzen gewesen, in seiner umsichtigen Weise weiter zu verfahren. Da war seine Zeit nicht vorbei; ganz anders als in seinem Verhältnis zu bestimmten inneren Gegebenheiten im Lande, wo seine Zeit sogar nie gekommen war.

Er selbst hatte einmal den für ihn überaus zutreffenden Satz gesagt: »Was man nicht gesehen, oder noch besser am eigenen Leibe erfahren hat, das kennt man auch nicht.« Das war auf Wilhelm II. gemünzt gewesen, der nicht auf dem Lande groß geworden war. Es ruft die Frage hervor, wie es denn mit Bismarcks Verhältnis zu den Städten bestellt war, in denen er ja auch nicht aufwuchs. Viele haben es gehört, daß er den Ton bei seinen Gutsangehörigen durchaus traf. Wie sah es aber aus, wenn es um Städter und um Städte ging: »Das Land ist das Volk«, meinte Bismarck noch im August 1890, und: »Der Bauer ist der Kern unserer Armee, der auch in Not und Drang aushält, denn er ist mit dem Lande verwachsen und hat schon aus Selbsterhaltungstrieb ein Interesse an dessen Erhaltung. Dem Städter und Fabrikarbeiter fehlt diese Empfindung und Eigenschaft, denn mit Pflaster- und Backsteinen kann man nicht verwachsen, das sind keine organischen Wesen.« Und: »Der Bauernstand ist der Felsen, an dem das Gespensterschiff der Sozialdemokratie zerschellen wird.«

Das sagte er just wenige Monate, nachdem er selbst in seinem Amte nicht zuletzt wegen des ständigen Anwachsens der Sozialdemokratie »zerschellt« war. Der in der Außenpolitik so behutsam verfahrende Mann, der das Nationalgefühl der Franzosen ebenso berücksichtigt haben wollte, wie er die militärische Demütigung der Habsburgermonarchie vermieden hatte, der den Draht nach Rußland um des Friedens willen nicht zu kappen wünschte, verhielt sich uneinsichtig und unnachsichtig gegenüber seinem Arbeitervolke, dem er durch das rigide Sozialistengesetz so viel Leid zugefügt hatte. Diese Steinbewohner waren und blieben ihm fremd und sogar unheimlich, er mied jeden Umgang mit ihnen und erging sich noch im Jahre 1893 haßerfüllt gegen sie. Der amerikanische Journalist Smalley berichtete im Sommer 1893 aus Friedrichsruh: »Er hatte noch die gleiche Meinung über die Sozialisten wie damals, als er noch am Ruder war.« Sie wären die »Ratten im Lande und sollten vertilgt werden«. Nie nahm er es zurück, das Sozialistengesetz; und nie hat er sich in der Fülle seiner Gespräche der hochgelobten Bismarckschen Sozialgesetzgebung gerühmt, die zwar unter seiner Ägide erarbeitet wurde, aber von ihm immer die Einschränkung auferlegt bekam, daß sie nur die kranken Arbeiter betreffen sollte, nie die im Arbeitsprozeß schaffenden.

In der Tat, da waren durchaus Verhältnisse und soziale Konstellationen entstanden, die er nicht begriff. Bismarck, der der Entwicklung des Kapitalismus durch die nationalstaatliche Einheit neue Freiräume und Möglichkeiten eröffnet hatte, blieb in seinem persönlichen Bereich den ökonomischen Wandlungsprozessen fern und verharrte im Traditionell-Feudalen. Das Spekulieren mit Börsenpapieren war ihm höchst verdächtig, daran haftete für ihn der Ruch des Unanständigen. Wohl wußte er, daß sich Beamte mitunter mit den politischen Depeschen Börsentelegramme schicken ließen und mit diesem Vorwissen dann etwas anfingen. Damit ließe sich schon ein Vermögen zusammenbringen. »Aber unanständig bleibt es doch, und mein Sohn soll von seinem Vater nicht sagen, daß er ihn so oder auf ähnliche Art zum reichen Manne gemacht hat. Er kann auf anderem Wege reich werden, durch Spekulieren mit dem, was er hat, durch Holzverkauf, durch eine Heirat oder was anderes.« Diese Meinung vom Dezember 1870 behielt er bei; noch im Januar 1883 rühmt er sich, er aber habe »niemals ein Spekulationspapier besessen, nur ordentliche, zinstragende« und wäre durch Dotationen reich geworden. Und auch im April 1887 läßt er verlauten, daß er »nicht an Mehrung seines Kapitalbesitzes« denke, wie es seine Söhne gern hätten, »sondern an Abrundung und Verbesserung seiner Güter«. Das ist keineswegs so weit entfernt von der Meinung seines Vaters, der nach dem Erwerb einiger Güter durch den Tod eines Verwandten deftig und unverblümt gesagt hatte, daß »ein kalter Onkel mit einer Gütersauce ein ganz annehmbares Gericht« sei. Einige Güter dazuheiraten, das empfand auch der Sohn als legitim und rechtens. Der Bankier Bleichröder habe ihm die angesichts seiner amtlichen Geschäfte nicht zu bewältigende Aufgabe abgenommen, »seine Gelder gut und sicher anzulegen«; er habe die Einkünfte aus seinen Gütern eingezogen, so daß er seine Geldbedürfnisse bei ihm befriedigen konnte. Fachleute belegen, daß eben dieser Bleichröder seit den achtziger Jahren als »altmodisch« galt, ein Bankier, der den Geldbedürfnissen der Regierungen nachkam, nicht aber der Financier der aufkommenden Industrie.

Es gab noch einigen Ärger mit den Söhnen, als Bismarck sich zum siebzigsten Geburtstag im April 1885 durch eine Kollekte das Stammgut Schönhausen zurückkaufen ließ, was vielfach mißbilligt wurde. Die Söhne wollten ihn von dieser »Bismarckspende« abbringen. Aber bei Gütern, Land und Wald konnte der Vater, wie immer, nicht widerstehen. Er freute sich überaus, während Herbert »in der gräßlichsten Laune« gewesen sei. Auch in Steuerfragen verstand Bismarck nach Kräften zu feilschen, und wenn er einmal »die Klinke zur Gesetzgebung« in der Hand hatte, bewegte er sie durchaus zu seinen Gunsten.

Weil Städte und ihre Bewohner Otto wie Johanna von Bismarck im Grunde fremd blieben, bekamen sie auch kein näheres Verhältnis zu Berlin; bestenfalls mochte Bismarck den Grunewald, in dem er gejagt hatte. Als Verdienst für die Stadt aber wollte er immer für sich in Anspruch nehmen, daß er »den Berlinern Luft verschafft« habe. »Den Kurfürstendamm und die Villenkolonie Grunewald, die damit zusammenhängt, habe ich ganz allein durchgekämpft.« Da hätte sogar das Polizeipräsidium gegen ihn intrigiert, und Terrainspekulanten hätten Wind davon bekommen und versucht, ihm Knüppel zwischen die Beine zu werfen. Er aber habe die entsprechende Kabinettsordre erwirkt, und der »hochselige Herr« sagte dann nach seinem Vortrag: »Machen wir« – »Wenn mir die Berliner ein Denkmal setzen wollen, so wünsche ich es mir nur dahin.« Sie haben es ihm errichtet und stellten im Jahre 1897 dort eine Skulptur auf, die Bismarck in Zivil zeigt, begleitet von seinem Hunde; heute ist alles überwölbt von einer stattlichen Rotbuche.

Berlin, »das alte Nest«, an dem Johanna noch im Juli 1892, von Kissingen kommend, am liebsten mit geschlossenen Augen vorbeifahren wollte und meinte, es stünde wohl nur noch um der wenigen Gerechten willen, errichtete Bismarck noch ein anderes Denkmal. Das war dann schon posthum, im Jahre 1901 auf dem Königsplatz vor dem Reichstag, zum dreißigsten Jahrestag des siegreichen Truppeneinzuges im Jahre 1871. Heute steht es am Großen Stern. Die damals anwesende Frau von Spitzemberg erzählt, wie es gewesen sei. Zwar erkennt sie auf dem Denkmal Bismarck in großer Naturtreue wieder. »Aber das riesenhafte Beiwerk, vier Kolossalstatuen am Sockel und der unvermeidliche Tiger (das Volk sagt bereits, die Monarchie zertrete dem armen Reichshund Sultan den Kopf!) stört doch sehr den

Friedrichsruh, 1 Mai 1895

*Für Ihre Glückwünsche/Gaben
zu meinem Geburtstage
bitte ich Sie meinen ...
... Dank entgegenzunehmen.*

v. Bismarck

Hier ein faksimiliertes Schreiben. Viele eigenhändige Briefe, die Bismarck aus »Höflichkeitsgewissen« verschickte, waren nicht von ihm, sondern vom Sohn Wilhelm. Er soll die gleiche Handschrift wie der Vater gehabt haben, nur für Wissende sei eine Unterscheidung möglich gewesen.

Eindruck, die Linien sind unschön und unharmonisch, das Ganze fällt auseinander, anstatt sich aufzubauen.« Die anwesenden Gäste hinterließen zwiespältige Eindrücke. Neben Begas war auch der Kaiser da und drückte auf die Stimmung, weil man vermuten durfte, »daß er die Feier nur mit aufeinandergebissenen Zähnen mitmacht«. Auch Herbert von Bismarck war zugegen, tief bekümmert, weil sein jüngerer Bruder Bill gestorben war, von dem er nie geglaubt hatte, daß er ihn überleben werde.

Vielfältige Ehrungen erreichten Bismarck noch zu Lebzeiten, auch auf seinen Reisen in München und in Jena, zudem war Friedrichsruh ständig umlagert von Verehrungswütigen, die merkwürdige Heroenblicke aufgefangen haben wollten und sich mitunter sogar rühmten, zu gleicher Zeit wie der große Mann Gesichtsneuralgien gehabt zu haben. Natürlich war öffentliche Zustimmung Balsam für Johannas wunde Seele, aber Bismarck wurde es mitunter zuviel, und er hielt die Bemerkung für nötig, daß ihn oft weniger die Rührung übermanne, als daß ihm von Natur aus die Augen tränten. Und so mußte er es halt auch über sich ergehen lassen, daß Schulklassen anrückten, um – wie er einmal sagte – das »Rhinozeros zu sehen«. Angesichts der zu seinem Geburtstag von Verehrerinnen bestickten Sofakissen und Schlummerrollen mit dem Ausspruch: »Wir Deutschen fürchten Gott, aber sonst nichts in der Welt« entrang sich ihm wohl auch einmal: »Hädd ich doch das Wurt nich seggt!« Auch die Hirschgruppe, die man ihm zum achtzigsten Geburtstag in ehrender Absicht am Waldhang in Friedrichsruh aufstellte, traf nicht seinen Geschmack: »Alle diese Architekturwerke schädigen eigentlich die Gegend in ihrem idyllischen Charakter«, meinte er, »aber die Zivilisation dringt auch immer mehr in diesen stillen Winkel. Nun, wenn die Sachen erst länger der Witterung ausgesetzt sind, werden sie sich der Landschaft schon besser einfügen.« Wenn's gar zu schlimm wurde mit der Geschenkeflut, dann hieß es im Familienjargon immer: »Ab nach Schönhausen« damit.

Vom Abschiednehmen

Lange schon bedrückte Bismarck, daß die alten Freunde wegstarben und man neue schwer erwerben konnte. Zunächst bestürzte ihn wie Johanna, daß ihr treuer Hausgenosse Lothar Bucher starb, einer der wenigen Männer, die Bismarck tief respektierte. Das »Büchelchen« hatte ihn Johanna immer liebevoll genannt, diesen verschlossenen, zuverlässigen und unermüdlichen Mitarbeiter Bismarcks an dessen Werk ›Gedanken und Erinnerungen‹.

Schon im Jahre 1864 hatte der Vortragende Rat Keudell auf diesen Lothar Bucher aufmerksam gemacht, dessen hohen schmalen Schädel Bismarck bereits im Abgeordnetenhaus interessiert wahrgenommen hatte. Er kannte auch dessen literarische Arbeit über den Parlamentarismus in England und wußte, daß Bucher das Jahrzehnt von 1850 bis 1860 aus politischen Gründen in England hatte verbringen müssen. Dem äußerst mißtrauischen Bismarck war die einstmals radikale politische Richtung Buchers keineswegs suspekt, ebensowenig die Tatsache, daß Lassalle ihn zu seinem Testamentsvollstrecker ernannt hatte. So kam es denn, daß Lothar Bucher, ein lebendes Lexikon und anerkannt in seiner Arbeit, in Friedrichsruh beim Abfassen der Memoiren half, oft mißgelaunt und grollend, wenn Bismarck wieder einmal geschichtliche Vorgänge nach seinen politischen Wünschen zurechtstutzte. Es muß deswegen auch des öfteren Streit zwischen ihnen gegeben haben; einen erlebte der Rentmeister Bismarcks: »Bucher, ich gehe jede Wette mit Ihnen ein, Sie sind auf dem Holzwege, ich habe recht!« so Bismarck, während Bucher »die Ruhe selbst, kalt« sagte: »Die Durchlaucht mit Sicherheit verlieren, weil ich eben recht habe.« Worauf sich dann Johanna einschaltete: »Zankt Ihr Euch schon wieder? Ottochen, Du wirst noch Dein ganzes Hab und Gut verwetten, denn bis jetzt weiß ich von keiner, die nicht unser Geheimrat gewonnen haben würde.«

Es traf beide sehr, als Lothar Bucher im Herbst 1892 am Genfer See starb. Er sei eine stille, bescheidene, tiefe Natur gewesen, sagte Bismarck über ihn, »manchmal mein Zensor, mein Mitarbeiter an allem, was Herzblut, gesunden Menschenverstand, klares, scharfes Denken erfordert«. Für gewöhnliche Depeschenarbeit war er viel zu gut, dafür habe man die diplomatische Häckselmaschine Abeken gehabt. Auch »für alles, was Phrasen erfordert, wie zum Beispiel Thronreden und dergleichen, war Bucher absolut nicht zu haben«, denn er haßte Phrasen geradezu. Den Gentleman unter seinen Freunden nannte ihn Bismarck und: »Ja, ich habe viel an ihm verloren.« Dem schließt sich auch Johanna an, beteuernd, daß ihnen sein Tod »ganz schrecklich nahe gegangen sei«.

Doch es sollte noch weit schlimmer kommen. Bismarck hatte schon im Herbst 1891 bei Johanna sorgenvoll bemerkt, daß ihr »Lebenslicht flackert«. Stark und ruhig hatte es nie gebrannt, denn sie war schon in jungen Jahren anfällig durch ihr Asthma, das ihr zunehmend das Atmen erschwerte. Keiner hat die Lebensproblematik der Mutter so erkannt wie ihr Sohn Herbert, der schon im Sommer 1887 befürchtete, daß durch ihren Tod »auch Papas Existenz ... vollständig gebrochen und der ganze Haushalt vernichtet« würde. Dringend bat er in einem Brief an den Schwager darum, daß wir »unsere ganze liebende Sorgfalt darauf richten, Ma-

Obwohl Lothar Bucher (geb. 25.10.1817) dem linken Flügel der preußischen Nationalversammlung angehört hatte, nach England emigrieren mußte und Testamentsvollstrecker Lassalles geworden war, schenkte ihm Bismarck sein Vertrauen. Bucher, dem Bismarck seine Memoiren »Gedanken und Erinnerungen« diktierte, wurde in der Familie als zugehörig empfunden. Johanna nannte ihn liebevoll »Büchelchen«. Alle erschütterte sein Tod am 10. Oktober 1892. »Ich habe viel an ihm verloren«, beklagte Bismarck, und: »Ich fühle mich sehr vereinsamt durch Buchers Tod.«

mas schwache Lebenskraft zu pflegen und zu stärken«. Mit dem anfänglichen Widerstand Bismarcks gegen die Veränderung seiner Lebensgewohnheiten war Dr. Schweninger leichter fertiggeworden als mit der zähen Weigerung Johannas, etwas für ihre Gesundheit zu tun, so, wie sie eben war, »nur aus Pflichtgefühl und Selbstverleugnung zusammengesetzt«. Gealtert war sie früh, dennoch, so Herbert, »macht sie den ganzen Haushalt allein – alle Bücher, alle Rechnungen, die ganze Korrespondenz mit Lieferanten pp., die Beziehungen zu den Dienstboten – alles ruht auf ihr allein«. Dazu kam ihre übertriebene Rücksichtnahme auf jegliche Gesundheitsstörung in ihrer Familie, ihre Aufregung über jede schlecht verbrachte Nacht ihres Mannes. So wirkte ihr Aufopferungswille ruinös für sie selbst.

Verzweifelt mußte sich Otto von Bismarck am 27. November 1894 in Varzin von seiner Johanna verabschieden, von der Frau, die schlicht und wahrheitsgemäß gesagt hatte: »Ich lebe ja nur für ihn.«

Wenn er jetzt noch im Amte wäre, würde er arbeiten, meinte Bismarck, der ergreifend seiner Schwester Malwine schrieb: »Was mir blieb, war Johanna, der Verkehr mit ihr, die tägliche Frage ihres Behagens, die Betätigung der Dankbarkeit, mit der ich auf 48 Jahre zurückblicke. Und heut alles öde und leer; das Gefühl ist ungerecht, aber I can not help it. Ich schelte mich undankbar gegen so viel Liebe und Anerkennung, wie mir im Volke über Verdienst geworden ist; ich habe mich 4 Jahre hindurch darüber gefreut, weil sie sich auch freute, wenn auch mit Zorn gegen meine Gegner, hoch und niedrig. Heute aber ist auch diese Kohle in mir verglimmt, hoffentlich nicht für immer, falls mir Gott noch Leben beschert, aber die 3 Wochen, die gestern verlaufen waren, haben über das Gefühl der Verödung noch kein Gras wachsen lassen.«

An einen Freund schrieb er, daß mit dem Tode seiner Frau »die Zwecklosigkeit weiteren Lebens vollständig geworden« sei. Nein, über dieses Leid wuchs kein Gras bei ihm, auch Jahre später nicht, wenn ihn immer wieder der Schmerz über ihren Verlust überwältigte. Achtundvierzig Jahre gemeinsamen Lebens, und: »Ehebruch war nicht vorgekommen!« »Ich vegetiere in Frieden weiter«, schrieb er im Sommer 1895 an den Sohn Wilhelm.

In Friedrichsruh versorgten ihn die Tochter und der Schwiegersohn Rantzau, der im März 1895 beschloß, jetzt werde »die Bude hermetisch geschlossen« und man lasse nur noch selten Besucher ein. Viel Redereien heute nicht mehr genau zu eruierenden Charakters gab es darüber in den Spitzen der Gesellschaft, aber am Pflegeeifer einer Johanna war ohnehin niemand zu messen. Einfach war es gewiß nicht mit dem von seiner Frau überaus verwöhnten Bismarck. Zwei Urteile über diese Ehe seien noch genannt. Fast beiläufig schrieb Theodor Fontane einmal, daß »man Bismarck oder seiner Frau gegenüber jeden Widerstand aufgibt, weil es einem doch nichts hilft«. Und die Frau von Spitzemberg, die näheren Einblick in die Familienatmosphäre hatte, meinte: »Bei ihm breitet das Genie über alles, auch die Fehler und Unarten, seinen verklärenden Schimmer; bei ihr ist die Treue und Güte ein Ersatz für das Unzusammenhängende und Maßlose ihrer Natur.«

Mit Bismarcks Kräften ging es bergab. Aber der Hohenzollernkaiser Wilhelm II., mit dem es noch im Jahre 1894 eine verlogene, für die Öffentlichkeit inszenierte Versöhnung gab, kränkte ihn fast bis an den Rand des Grabes. Als er ihn zum letzten Mal in Friedrichsruh besuchte, es war am 15. Dezember 1897, benahm er sich taktlos wie eh und je. »Immer, wenn Bismarck von Politik anfing, vermied es der Kaiser, darauf zu achten.« Statt dessen erzählte er Anekdötchen. »Es ist furchtbar«,

Bismarck vor dem Auftritt, betreut von seiner verständigen Schwiegertochter Marguerite, der Frau von Herbert.

flüsterte der spätere Generaloberst von Moltke. Und die Anwesenden »fühlten den Mangel an Ehrfurcht vor einem solchen Manne«. Im gleichen Jahr, es war am 6. April 1897, empörte sich Theodor Fontane, der sich noch im Januar 1894 für die »Macht des hohenzollernschen Königtums (eine wohlverdiente Macht)« ausgesprochen hatte, und schrieb an Georg Friedlaender: »Ich bin kein Bismarckianer, das Letzte und Beste in mir wendet sich von ihm ab, er ist keine edle Natur; aber die Hohenzollern sollten sich nicht von ihm abwenden, denn die ganze Glorie, die den alten Wilhelm umstrahlt – und die noch dazu eine reine Glorie ist, weil das Häßliche davon an Bismarcks Händen kleben blieb –, die ganze neue Glorie des Hauses verdankt das Hohenzollerntum dem genialen Kraftmeier im Sachsenwald. Es wächst das Riesenmaß der Leiber hoch über Menschliches hinaus. Und das Riesenmaß seines Geistes stellt noch wieder das seines Leibes in Schatten. Und der soll Werkzeug gewesen sein oder Handlanger oder gar Pygmäe! Wie kann man die Geschichte so fälschen wollen.«

Fontane, Zeit- und nahezu Altersgenosse Bismarcks (im Dezember 1819 geboren und nur knapp zwei Monate nach diesem, am 20. September 1898, gestorben), hat sich ein Leben lang mit Bismarck auseinandergesetzt, in Briefen und in seinen Werken. Immer wieder fühlte er sich angezogen, abgestoßen und aufs neue fasziniert von dieser Gestalt, von der er meinte, er kenne keine interessantere: »Seine aus jedem Satz sprechende Genialität entzückt mich immer wieder, schmeißt immer wieder meine Bedenken über den Haufen; aber bei ruhigem Blute sind die Bedenken doch auch immer wieder da. Nirgends ist ihm ganz zu trauen«, so im August 1893.

Auch Frau von Spitzemberg, von Bismarcks großer

»Nahbarkeit« beeindruckt, betont stets die Gegensätze in ihm: »Ich möchte nur niederschreiben können, was mein gewaltiger Freund alles preisgab an allerlei kleinen Bemerkungen, Scherzen, Einfällen, teils tiefernst, teils derb, voll Lebenskraft, dann wieder milde, gütig, weise, dann wieder nachsichtig gegen die Schwächen der Menschheit wenn auch nicht der Menschen. Die scheinbaren Widersprüche in dieser machtvollen Persönlichkeit sind von einem intensiven Zauber, der immer aufs neue bestrickt.« Sie nennt außerdem sein Pflichtgefühl und seine Tierliebe, aber auch seinen »Mangel an Schönheitssinn in der Form und für die Umgebung«, dann wieder seine ständige Beziehung zur Literatur wie seine Naturschwärmerei.

Otto von Bismarck hat nicht gelebt wie andere Menschen, aber er ist gestorben wie andere auch, an einer langsamen Reduzierung der Lebensfunktionen und einem zunehmenden Abbau seiner Kräfte. Verständlicherweise wollte er sich in diesem Alterungsprozeß, der seine Gesichtsneuralgien schmerzhaft verstärkte, nicht der Neugier der Menschen aussetzen und anläßlich einer Schiffstaufe auf seinen Namen im Sommer 1897 nicht »als Ruine vor der Öffentlichkeit stehen«. Grollend brach es gegenüber dem Abgesandten des Kaisers aus ihm heraus: »Ich bin kein Kater, der Funken gibt, wenn er gestreichelt wird.« Nichts war vergessen, und nichts war vergeben, und es sprühte bis zuletzt aus seiner »vulkanischen Natur« heraus.

In der Friedrichsruher Zurückgezogenheit ging ihm noch so manches durch den Kopf und ließ er noch vielerlei an sich vorüberziehen, auch über den Charakter der Deutschen: »Wenn der Deutsche vom Durchschnitt etwas Richtiges leisten will, dann muß er sich geärgert haben. Jeder Deutsche müßte eine halbe Buddel Champagner im Leibe haben, das bringt sie erst in normalen

Hildegard Freifrau von Spitzemberg, geb. Varnbüler, vermittelt in ihren Tagebuchaufzeichnungen, die keinen literarischen Anspruch erheben, ein ungemein anschauliches Bild ihrer Begegnungen mit der Familie Bismarck. Sie war dort ein willkommener Gast und vermochte Bismarck, der ihr sehr gewogen war, auch zu politischen Gesprächen anzuregen. (Gemälde von Friedrich Kaulbach)

Zustand oder in Schwung«, meinte er einmal. Aber der Enthusiasmus pflege nicht lange vorzuhalten. »Am stärksten wirkt schon immer der Ärger.« Sonst hieße es bald, zum Teufel mit dem Spiritus, das Phlegma ist geblieben. Und mit dem lassen sie ruhig »das Wasser den Berg hinablaufen und sehen zu, auch wenn es ihnen selber hernach über den Kopf geht«. So meditiert er über die mobilisierende Wirkung des Ärgers beim Deutschen, sich wohl kaum erinnernd, daß er selbst einmal im Mai 1867 in Berlin von sich gesagt hatte: »Übrigens ist es für das ganze Räderwerk nützlich, wenn ich mich mitunter ärgere, das gibt stärkeren Dampf in die Maschine.«

Wovon man ihn in erstaunlichem Maße freisprechen muß, das ist Eitelkeit, für die er einen scharfen Blick hatte: »Die Eitelkeit ist eine Hypothek, die auf den Fähigkeiten eines Menschen ruht: man muß sie erst wegnehmen, um zu sehen, wieviel wirklich inneres Kapital vorhanden ist.« Oder, an anderer Stelle: »Eitelkeit ist eine Säure, die mit der Zeit das edelste Metall zerfrißt. Sie macht den klügsten Menschen starblind auf beiden Augen.« Daß er selbst diese Eigenschaft bei anderen politisch raffiniert ausnutzte, ist eine andere Frage. Er selbst war bei ausgeprägtem Selbstbewußtsein nicht eitel; welche Rarität auf dem heutigen Jahrmarkt der Eitelkeiten.

Wahrscheinlich hat ihn seine frühe Überzeugung, daß man gegen den Strom der Geschichte nicht ankommen könne, sondern sich nur behutsam steuernd auf ihm bewegen müsse, historische Bescheidenheit gelehrt. Lange dachte er nach über Entscheidungen, oft auf »depeschensicheren Plätzen« im Walde; auch seinen Sohn Herbert erzog er offensichtlich in diesem Sinne, denn er äußerte sich in ähnlicher Weise. Einen hohen Begriff hatten beide von der Diplomatie, die Bismarck als eine

Bei den Ausfahrten Bismarcks pflegten sich am Tor immer verehrungsvoll Leute zu versammeln, die oft »Heroenblicke« gesehen haben wollten.

»Kunst« ansah, zu deren Ausübung Erfahrung gehöre. Das Aufreibendste sei nicht die Arbeit gewesen, sondern das stete Risiko, das man auf sich nehmen mußte.

Höchst bezeichnend für ihn ist ein Vergleich, der ihm in seinem letzten Lebensjahr kam, man kennt die »Gedankenjagd des Nachts«. Da dachte er an die berühmte Ballade vom Reiter über den Bodensee, der die Gefahr mit Erschrecken erst nach seinem gefährlichen Ritt erkennt. Und Bismarck, vertraut und in steter Zwiesprache mit der Dichtung, meinte dazu: »... heute nacht zum Beispiel mußte ich mich mit dem Manne vergleichen, der über den Bodensee ritt; nur, als er hinüber war, fiel er in Ohnmacht, und das ist bei mir nicht geschehen; ein Unterschied war aber doch noch zwischen dem dummen Kerl und mir; er wußte es nicht, daß er über das Eis ritt, und ich wußte es. Ich möchte den Ritt auch nicht noch einmal machen.« Das war gegen Ende des Jahres 1897, als sein Lebenslicht schon schwächer brannte. Es erlosch am 30. Juli 1898 in Friedrichsruh, wie er es gewünscht hatte, und in Gegenwart des Sohnes Herbert, der ihm am liebsten war.

Natürlich war er ein Konservativer, dieser Otto von Bismarck, ein tief ländlich verwurzelter sogar, aber an der »Ausdehnung der Individualität« war ihm stets sehr gelegen; und konservativ in dem Sinne, wie er es bei den Herren am Hofe kennengelernt hatte, das war er nicht, »denn konservativ sein heißt bei diesen Herrschaften nichts lernen und nichts vergessen, nichts ändern und nichts wandeln«.

Es seien nicht nur zwei Seelen in seiner Brust, meinte Bismarck einmal, bei ihm würde es zugehen wie in einer Republik, vielstimmig also. Und so ist es in der Tat. Sein Wesen offenbart und entfaltet so verschiedene Seiten, daß sie geradezu verwirrend wirken können. Da ist sein früh entwickelter »landschaftlicher Sinn«, der

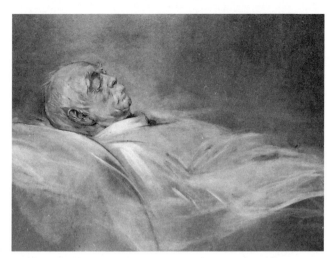

Die Lenbach-Zeichnung zeigt Bismarck auf dem Totenbett. Bismarck war nicht allein, als ihm in Friedrichsruh die letzte Stunde schlug. Herbert, dessen Familiensinn am meisten dem der Mutter glich, hielt ihm die Hand beim letzten Atemzug. Und Theodor Fontane, der wenige Monate nach Bismarck starb, bat noch in einem Gedicht künftige Besucher im Sachsenwald: »Lärmt nicht so!/ Hier unten liegt Bismarck irgendwo.«

ihm ein Leben lang blieb, wenn auch vorwiegend vom Landschaftsbild seiner Jugend geprägt; ungemein anziehend ist er in seiner Beziehung zu den Tieren, zu den Bäumen und zum Wald, wenn sich nicht gerade gutsherrliche Besitzgier dazugesellt. Da ist Bismarcks Ohr für Musik, die er besonders in seiner Jugendzeit gern hörte, aber auch sein bleibendes Verhältnis zur Literatur. Daraus wie aus der Beobachtung der Natur erwächst die bewundernswürdige Anschaulichkeit seines Stils, der sich in seinen empfindungsstarken Brautbriefen wie in seiner subtilen diplomatischen Formulierungsgabe zeigt. Kaum zu glauben, daß es derselbe Mann ist, der Kriegserklärungen höflich formuliert haben will und sich zugleich in wilden Haßtiraden gegen den »inneren Feind«, besonders die Arbeiterbewegung, ergeht.

Liebenswürdig gegenüber seinen Besuchern, ein Gastgeber, der sich selbst vitaler Eßfreudigkeit hingibt und dabei geistvoll und mit viel ursprünglichem Witz zu plaudern versteht; begabt mit kritischer Menschenbeobachtung, hat er kaum einen Blick für Architektur, wie er überhaupt zu Städten keinen Zugang gewinnt. Wehleidig kann er sein, aber auch von »vulkanischer Natur«, bis zur Selbstaufopferung seinem nationalen Ziel dienend. Einen Raketensatz wollte er bis zum Schluß im Leibe haben, und das gelang ihm; er wußte, was Grimm ist, und er konnte hassen, er, der ein einfühlsamer Ehemann war und ein liebevoller, wenn auch nicht unkritischer Vater. Die Spannungen seines konfliktgeladenen Lebens waren nur zu ertragen, wenn er sich das Refugium einer Familie schuf: »... in der Welt ein Heim, das all die dürren Winde nicht erkälten.« Davon sollte hier die Rede sein.

Nachbemerkung

Der Arbeit liegt langjährige Auseinandersetzung mit Otto von Bismarck und seiner Familie zugrunde. Meinen Mann, Ernst Engelberg – Autor einer zweibändigen Bismarck-Biographie –, begleitete ich in die einschlägigen Archive. Besonders ergiebig für meine Blickrichtung auf die familiären Beziehungen war das Bismarck-Archiv in Friedrichsruh.

Die Sekundärliteratur wurde nach Maßgabe der Kräfte befragt; der Berg von mehreren tausend Veröffentlichungen ist kaum noch zu bewältigen.

Intensiv ausgewertet wurden Primärquellen, vor allem die Briefbände und die Gespräche in der Friedrichsruher Ausgabe. Auch wenn in der Übermittlung der Originalton Bismarcks nicht immer genau getroffen sein mag, erleichtert ein zunehmendes Vertrautsein mit den Persönlichkeiten schließlich auch das Erkennen der Authentizität der Äußerungen, die im übrigen mit denen in den Briefen verglichen werden können.

Bei der Angleichung der Schreibweise an den heutigen Sprachgebrauch wurde großzügig verfahren; wenn Eigenständiges erhalten werden soll, wird mitunter auch auf die alte Diktion zurückgegriffen.

Abbildungsnachweis

Fürst von Bismarck, Friedrichsruh: 8, 41, 106, 108, 112, 113, 127, 161 oben, 173 oben, 173 unten
W. u. E. Engelberg, Berlin: 9, 32, 47, 74, 80, 120, 121, 125, 142, 161 unten, 207, 213
K.-H. Noack, Berlin: 13, 15, 18, 19, 22, 23, 25, 28, 35 oben, 35 unten, 38, 40, 55, 58, 63, 66, 69, 84, 87, 99 oben, 99 unten, 101 oben, 101 unten, 109, 115, 131, 143, 149, 151 oben, 159, 185, 210, 215
Siedler Verlag, Berlin: 11, 30 oben, 30 unten, 32, 49, 72, 137, 151 unten, 157, 165, 201, 217

Helmut Nürnberger

Fontanes Welt

*448 Seiten,
Großformat, 220 Abbildungen,
Leinen*

Theodor Fontane ist *der* deutsche Erzähler der Epoche von europäischem Rang. Seine Bedeutung ist der literarischen Welt erst in den letzten Jahrzehnten wirklich zu Bewußtsein gekommen.
Heute wird »Effi Briest« neben den anderen großen Gesellschafts- und Eheromanen der Zeit genannt – Flauberts »Madame Bovary«, Tolstois »Anna Karenina« und J. M. Eça de Queirós »Vetter Basilio«.
Dieser Text-Bild-Band verbindet die stilistische Leichtigkeit Fontanes mit der Bewegtheit seines Jahrhunderts und der Farbigkeit seiner Welt.

*»Ein großes Ereignis wirft seinen Schatten voraus:
Im Hinblick auf den 100. Todestag von Theodor Fontane
entstand eine sehr einprägsame Biographie
dieses spröden Preußen.«*
BERLINER MORGENPOST

Die Deutsche Bibliothek – CIP-Einheitsaufnahme

Engelberg, Waltraut:
Das private Leben der Bismarcks /
Waltraut Engelberg – Berlin: Siedler, 1998
ISBN 3-88680-648-0

© 1998 by Wolf Jobst Siedler Verlag GmbH, Berlin

Der Siedler Verlag
ist ein Unternehmen der Verlagsgruppe Bertelsmann.

Alle Rechte vorbehalten,
auch das der fotomechanischen Wiedergabe.
Schutzumschlag: Bongé + Partner, Berlin
Bebilderung: Karl-Heinz Noack, Berlin
Satz: Bongé + Partner, Berlin
Druck und Buchbinder: Spiegelbuch, Ulm
Printed in Germany 1998
ISBN 3-88680-648-0
Erste Auflage